> **Hello?**
> 안녕?

> **Glad** to **see you.**
> 널 봐서 기뻐.

> **Nice** to **meet you.**
> 널 만나서 좋아.(만나서 반가워.)

> Glad to meet you.
> 반갑구먼.

0001
greeting
greeting   g   g

[grí:tiŋ] 인사

☆초등필수☆
0002
hello
hello   h   h

[helóu] 안녕

☆초등필수☆
0003
glad
glad   g

[glæd] 기쁜

☆초등필수☆
0004
see
see   s

[si:] 보다

☆초등필수☆
0005
you
you   y

[ju] 너

☆초등필수☆

0006
nice
nice   n   n

[nais] 좋은

☆초등필수☆

0007
meet
meet   m   m

[mi:t] 만나다

☆초등필수☆

0008
bye
bye   b   b

[bai] 잘 가

☆초등필수☆

0009
goodbye
goodbye   g   g

[gùdbái] 안녕(헤어질 때)

0010
later
later   l   l

[léitər] 다음에

0011
farewell
farewell   f   f

[fὲərwél] 작별인사

Good morning.

Good afternoon.

Good evening.

Good night.

☆초등필수☆
0012
good
good　　g　　g

[ɡud] 좋은

☆초등필수☆
0013
morning
morning　　m　　m

[mɔ́ːrniŋ] 아침

☆초등필수☆
0014
afternoon
afternoon　　a　　a

[æ̀ftərnúːn] 오후

☆초등필수☆
0015
evening
evening　　e　　e

[íːvniŋ] 저녁

0016
night
[nait] 밤

0017
how
[hau] 어떻게

0018
fine
[fain] 괜찮은, 잘 지내는

0019
handshake
[hǽndʃèik] 악수

0020
welcome
[wélkəm] 환영하다

DAY 01 Activity

STEP 1
ACTIVITY로 암기한 단어를 연습하세요.

STEP 2
ACTIVITY에서 틀린 단어를 복습하세요.

STEP 3
TEST를 통해 오늘 암기한 단어를 확인하세요.

 다음 사진과 설명을 보고 연상되는 영어 단어나 우리말 뜻을 고르세요.

1.

만났을 때 인사

ⓐ Hello.　　ⓑ Bye.

2.

헤어질 때 인사

ⓐ Fine.　　ⓑ Bye.

3.

How are you?

ⓐ 어떻게 지내?　ⓑ 만나서 반가워.

4.

Good night.

ⓐ 아침 인사　　ⓑ 밤 인사

5.

널 만나서 좋아.
(만나서 반가워.)

ⓐ See you later.
ⓑ Nice to meet you.

6.

오후

ⓐ night　　ⓑ afternoon

B. 우리말에 맞도록 주어진 알파벳으로 시작하는 단어를 써 보세요.

7. 너를 봐서 **기뻐**.   G_____ to see you.

8. 다음에 **보자**.   S_____ you later.

9. **어떻게** 지내?   H_____ are you?

10. 난 **잘 지내**.   I'm f_____.

11. 좋은 **아침**이야!   Good m_____!

12. **잘 자**!   Good n_____!

13. 널 **만나서** 좋아.   Nice to m_____ you.

C. 다음 우리말을 보고 알맞은 영어 단어의 철자를 써 보세요.

14. 인사

		e	e		i	n	g

15. 안녕(헤어질 때)

g			d			e

16. 작별인사

	a		e		e	l	l

17. 저녁

e		e		n	g

18. 악수

h	a			h	a		

19. 환영

	e		o		e

20. 오후

	f		e		o	o

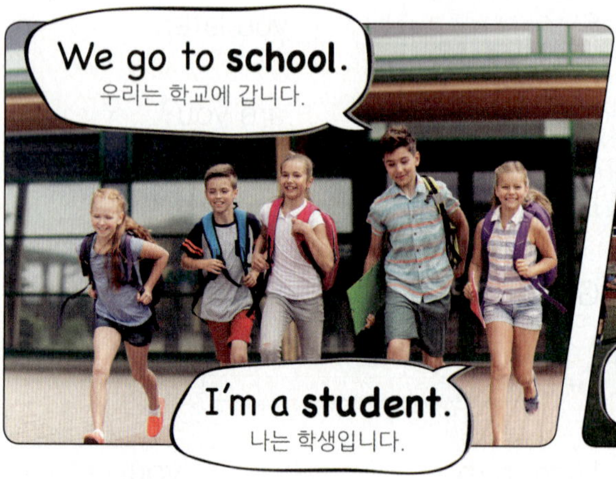

We go to **school**.
우리는 학교에 갑니다.

I'm a **student**.
나는 학생입니다.

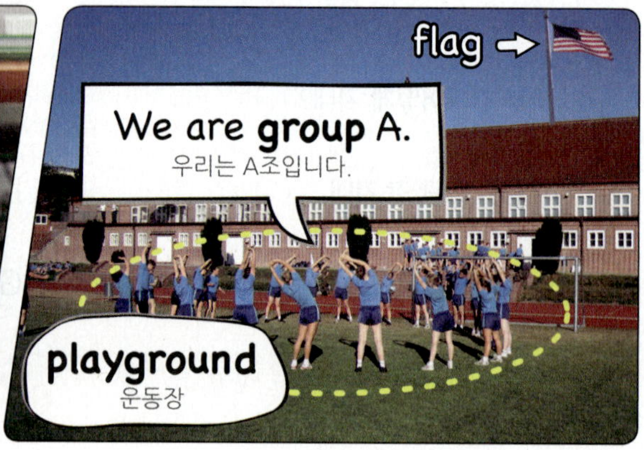

flag →

We are **group** A.
우리는 A조입니다.

playground
운동장

☆초등필수☆
0021
school
[sku:l] 학교

☆초등필수☆
0022
student
[stjú:dnt] 학생

☆초등필수☆
0023
group
[gru:p] 모둠, 조

0024
playground
[pléigràund] 운동장

☆초등필수☆
0025
flag
[flæg] 깃발

Look at the **blackboard.**
칠판을 보세요.

chalk
분필

teacher
선생님

I **study** hard.
난 열심히 공부합니다.

☆초등필수☆

0026 **teacher**   teacher   t   t

[ti:tʃə(r)] 선생님

☆초등필수☆

0027 **teach**   teach   t   t

[ti:tʃ] 가르치다

☆초등필수☆

0028 **study**   study   s   s

[stʌ́di] 공부하다

0029 **blackboard**   blackboard   b

[blǽkbɔ̀:rd] 칠판

0030 **backpack**   backpack   b

[bǽkpæ̀k] 배낭

☆초등필수☆

0031 **book**   book   b   b

[buk] 책

I **learn** from a **textbook.**
나는 교과서로 배워요.

textbook
교과서

homework
숙제

Test
시험

principal
교장 선생님

0032
learn
learn

[lə:rn] 배우다

0033
textbook
textbook

[tékstbuk] 교과서

0034
homework
homework h

[hóumwə:rk] 숙제

0035
test
test

[test] 시험

0036

principal

[prínsəpəl] 교장 선생님

We are **classmates**.
우리는 반 친구들입니다.

classroom
교실

breaktime
쉬는 시간

0037

class

[klæs] 학급, 반

0038

classroom

[klǽsrùːm] 교실

0039

classmate

[klǽsmeit] 반 친구

0040

breaktime

[bréiktàim] 쉬는 시간

DAY 02 Activity

STEP 1
ACTIVITY로 암기한 단어를 연습하세요.

STEP 2
ACTIVITY에서 틀린 단어를 복습하세요.

STEP 3
TEST를 통해 오늘 암기한 단어를 확인하세요.

 다음 사진과 설명을 보고 연상되는 영어 단어나 우리말 뜻을 고르세요.

1.

We are classmates.
우리는 (   )들입니다.

ⓐ 반 친구   ⓑ 선생님

2.

Look at the
(   ).
칠판을 보세요.

ⓐ blackboard   ⓑ flag

3.

교장 선생님

ⓐ student   ⓑ principal

4.

운동장

ⓐ playground   ⓑ chalk

5.

Test

ⓐ 쉬는 시간   ⓑ 시험

6.

I'm a (   ).
나는 학생입니다.

ⓐ group   ⓑ student

B. 우리말에 맞도록 주어진 알파벳으로 시작하는 단어를 써 보세요.

7. 나는 **학생**이야. I am a s_____.

8. 나는 **학교**에 가. I go to s_____.

9. 나는 **교과서**로 공부를 해. I study with a t_____.

10. 나는 **교실**에서 공부를 해. I study in the c_____.

11. **쉬는 시간**이다! It's b_____!

12. **칠판**을 보렴. Look at the b_____.

13. 그녀는 나와 같은 **반 친구**야. She is my c_____.

C. 다음 우리말을 보고 알맞은 영어 단어의 철자를 써 보세요.

14. 배낭
| b | | | | a | c | k |

15. 숙제
| | o | | e | w | | r | |

16. 운동장
| p | | | y | g | | | n | d |

17. 깃발
| | l | | |

18. 교장 선생님
| | r | i | | c | | p | a | |

19. 가르치다
| | | a | | |

20. 배우다
| | e | | | |

DAY 03 English is easy.

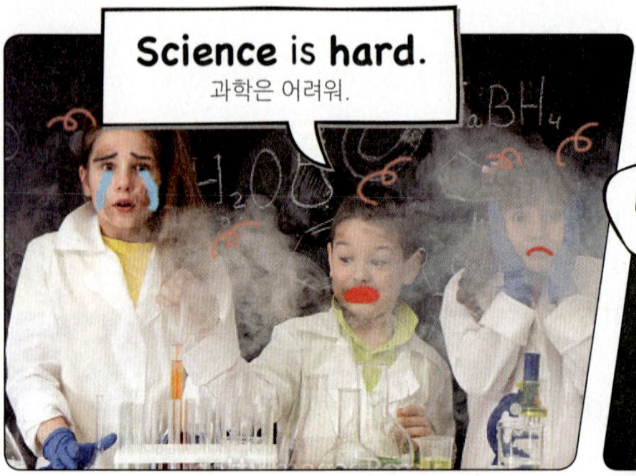

Science is hard.
과학은 어려워.

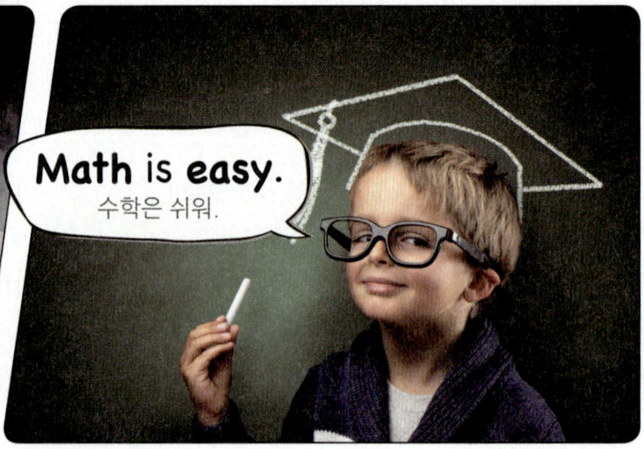

Math is easy.
수학은 쉬워.

☆초등필수☆
0041 **lesson**
[lésn] 수업, 과

☆초등필수☆
0042 **science**
[sáiəns] 과학

☆초등필수☆
0043 **math**
[mæθ] 수학

☆초등필수☆
0044 **hard**
[ha:rd] 어려운, 열심히

☆초등필수☆
0045 **easy**
[íːzi] 쉬운

Study hard!
열심히 공부해!

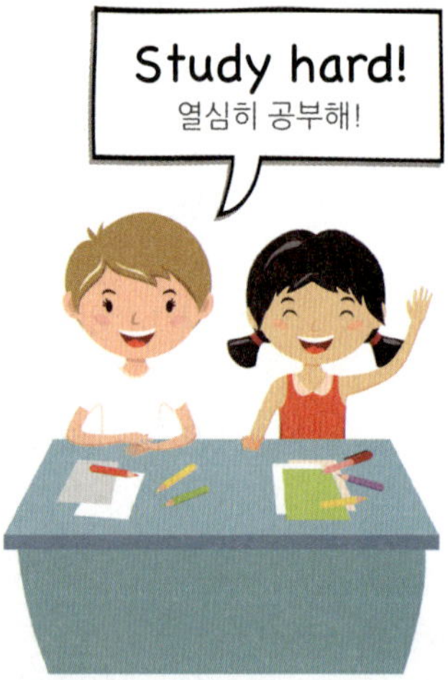

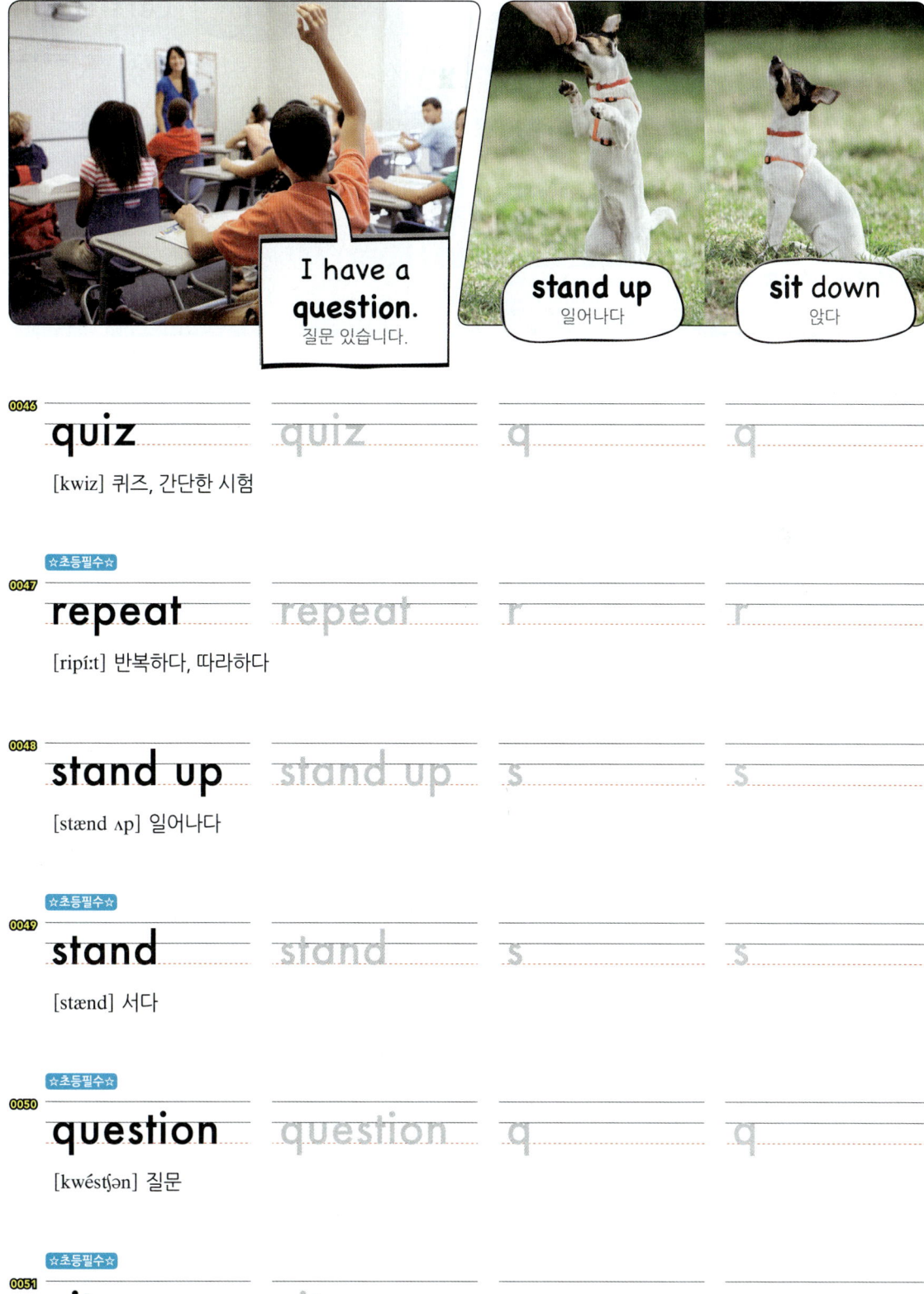

I have a
question.
질문 있습니다.

stand up
일어나다

sit down
앉다

0046
quiz
quiz   q   q

[kwiz] 퀴즈, 간단한 시험

☆초등필수☆
0047
repeat
repeat   r   r

[ripíːt] 반복하다, 따라하다

0048
stand up
stand up   s   s

[stænd ʌp] 일어나다

☆초등필수☆
0049
stand
stand   s   s

[stænd] 서다

☆초등필수☆
0050
question
question   q   q

[kwéstʃən] 질문

☆초등필수☆
0051
sit
sit   s   s

[sit] 앉다

open
열다, 펼치다

Open page 9.
9쪽을 펴세요.

page

Let's chant.
우리 함께 노래해보자.

☆초등필수☆
0052
open open o o

[óupən] 열다

☆초등필수☆
0053
page page p p

[peidʒ] 쪽

☆초등필수☆
0054
let's let's l l

[lets] ~하자

0055
chant chant c c

[tʃænt] 노래를 부르다, 단조로운 말투로 되풀이하다

☆초등필수☆
0056
music music m m

[mjú:zik] 음악

☆초등필수☆

0057
check

check   c   c

[tʃek] 확인하다

☆초등필수☆

0058
art

art   a   a

[aːrt] 예술, 미술

0059
Korean

Korean   K   K

[kəríːən] 한국어

0060
English

English   E   E

[íŋgliʃ] 영어

DAY 03 Activity

STEP 1
ACTIVITY로 암기한 단어를 연습하세요.

STEP 2
ACTIVITY에서 틀린 단어를 복습하세요.

STEP 3
TEST를 통해 오늘 암기한 단어를 확인하세요.

 다음 사진과 설명을 보고 연상되는 영어 단어나 우리말 뜻을 고르세요.

1.

art
ⓐ 미술　　　ⓑ 수학

2.

(　) down
앉다
ⓐ sit　　　ⓑ open

3.

Math is (　).
수학은 쉬워.
ⓐ easy　　　ⓑ sit

4.
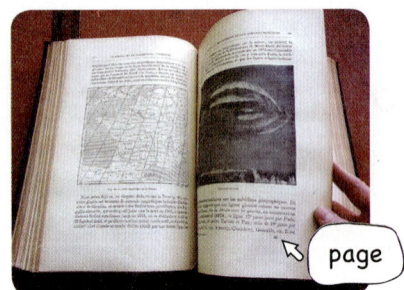
page
ⓐ 음악　　　ⓑ 쪽

5.

살피다, 확인하다
ⓐ check　　　ⓑ open

6.

Let's (　).
우리 함께 노래해보자.
ⓐ chant　　　ⓑ hard

B. 우리말에 맞도록 주어진 알파벳으로 시작하는 단어를 써 보세요.

7. **일어나세요.** S_____ u_____, please.

8. **앉으세요.** S_____ down, please.

9. 교과서를 **펴세요.** O_____ the textbook.

10. 9**쪽**을 읽으세요. Read p_____ nine.

11. 듣고 **따라하세요.** Listen and r_____.

12. **수학**은 어려워. M_____ is hard.

13. **영어**는 쉬워. E_____ is easy.

C. 다음 우리말을 보고 알맞은 영어 단어의 철자를 써 보세요.

14. 한국어

	o			a	

15. 과학

s			e	n		e

16. 미술

	r	

17. 음악

m			i	

18. 수업, 과

		e		s		n

19. 확인하다

	h			k

20. 질문

q		e	s		o	

초2400_3_w4

| STEP 1 사진으로 단어/표현 학습하기 | STEP 2 음원을 듣고 영단어 따라 읽기 | STEP 3 손으로 줄에 맞춰 단어 쓰기 |

NAME :   DATE :   .   .   .   GOAL : 필수 13 / 추가 7

Do you **have** an **eraser?**
지우개 갖고 있어?

Sure!
물론!

pencil case

erase

0061
have
have   h   h

[hæv] 가지다

0062
eraser
eraser   e   e

[iréisər] 지우개

0063
erase
erase   e

[iréis] 지우다

pencil
연필

0064
sure
sure   s

[ʃuər] 물론

case
보관함

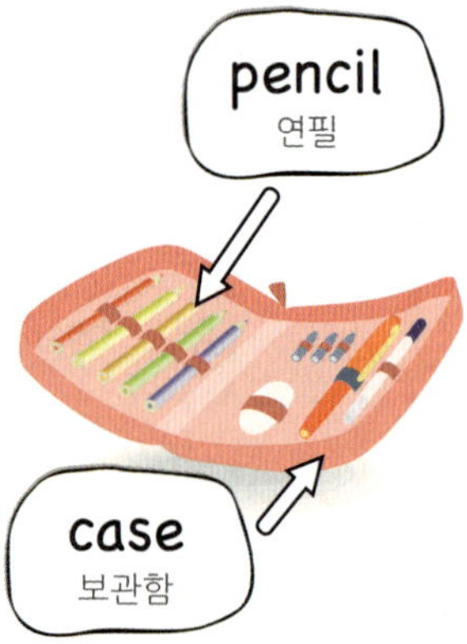

0065
pencil case
pencil case   p

[pénsəl keis] 필통

0066
pushpin
pushpin   p

[púʃpin] 압정

0067
push
push   p   p

[puʃ] 누르다

0068
clip
clip   c   c

[klip] 클립

0069
sticker
sticker   s   s

[stíkər] 스티커

0070
stick
stick   s   s

[stik] 달라붙다

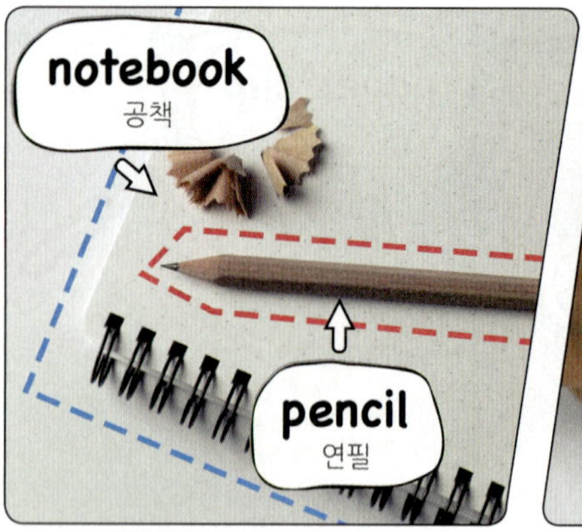

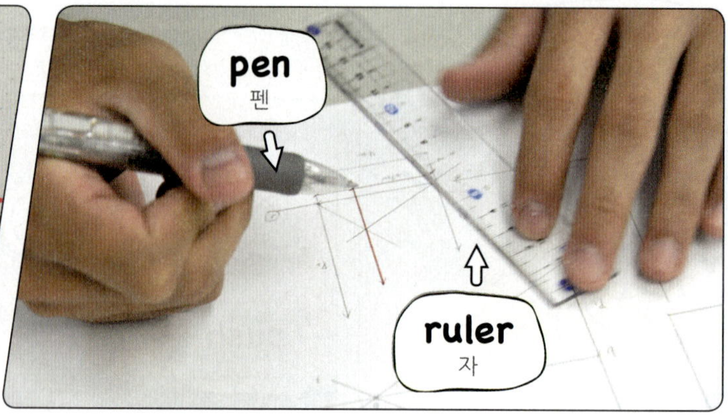

☆초등필수☆

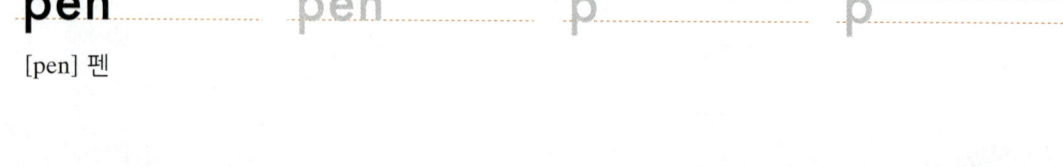

0071 **pencil** pencil p p

[pénsəl] 연필

☆초등필수☆

0072 **notebook** notebook n n

[nóutbùk] 공책

☆초등필수☆

0073 **ruler** ruler r r

[rúːlər] 자

☆초등필수☆

0074 **pen** pen p p

[pen] 펜

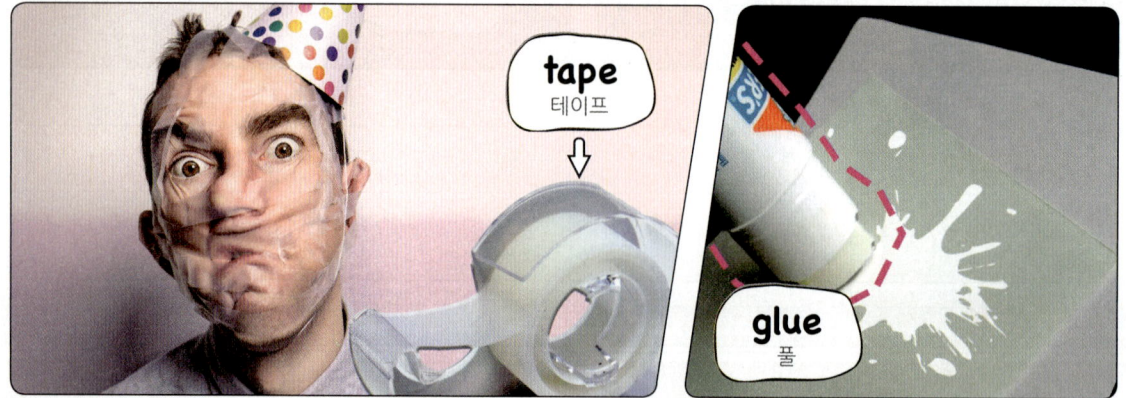

☆초등필수☆

0075 **tape** tape t t

[teip] 테이프

☆초등필수☆

0076 **glue** glue g g

[gluː] 풀

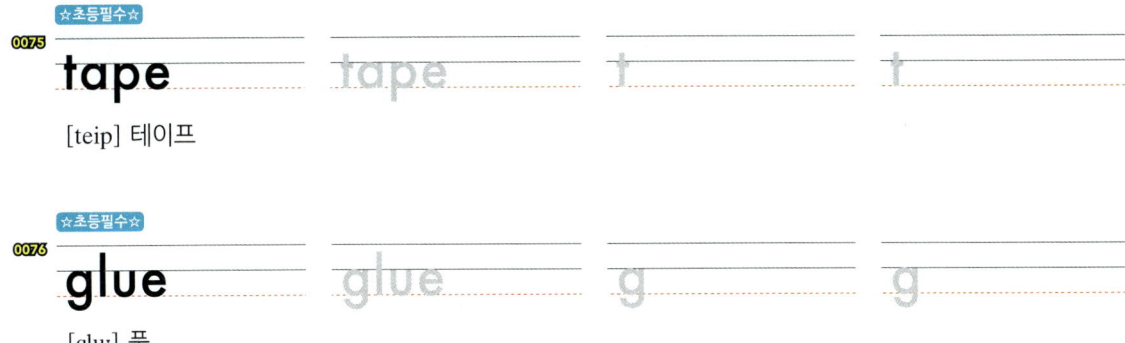

May I use your cutter?
너의 칼을 써도 될까?
Sure!
물론!
cutter

Cut the paper with scissors.
가위로 종이를 자르세요.

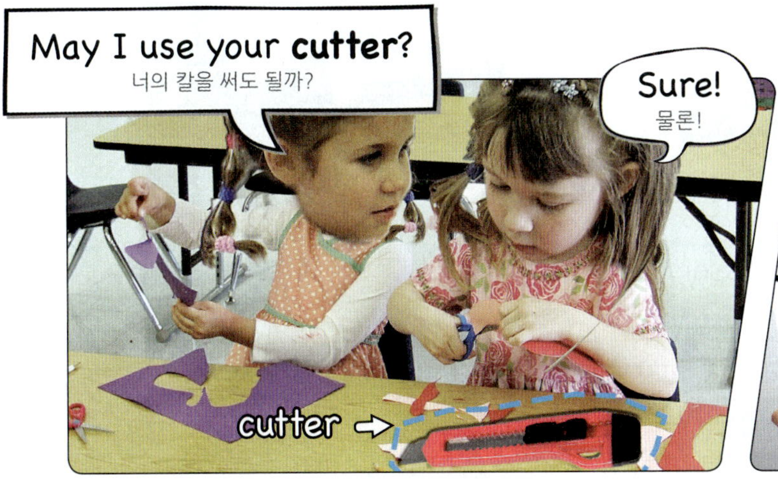

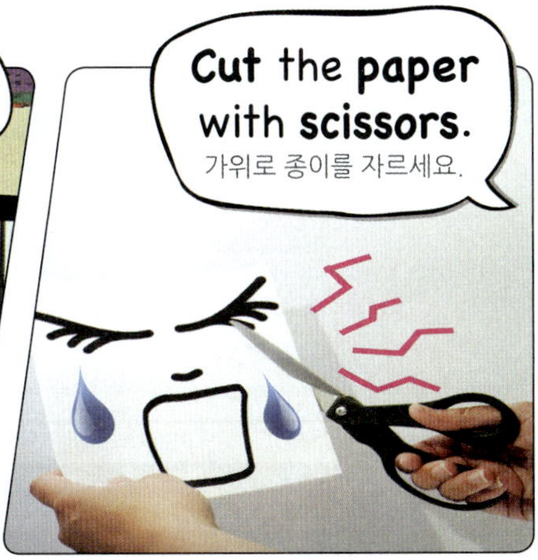

0077 **cutter** cutter c c

[kʌ́tər] 칼

☆초등필수☆

0078 **cut** cut c c

[kʌt] 자르다

☆초등필수☆

0079 **paper** paper p p

[péipər] 종이

☆초등필수☆

0080 **scissors** scissors s s

[sízərz] 가위

DAY 04 Activity

STEP 1
ACTIVITY로 암기한 단어를 연습하세요.

STEP 2
ACTIVITY에서 틀린 단어를 복습하세요.

STEP 3
TEST를 통해 오늘 암기한 단어를 확인하세요.

 다음 사진과 설명을 보고 연상되는 영어 단어나 우리말 뜻을 고르세요.

1.
가위

ⓐ pen　　　ⓑ scissors

2.
stick

ⓐ 달라붙다　　　ⓑ 자르다

3.
풀

ⓐ pencil case　　ⓑ glue

4.
테이프

ⓐ tape　　　ⓑ paper

5.
누르다

ⓐ push　　　ⓑ cut

6.
eraser

ⓐ 자　　　ⓑ 지우개

▶ 해답 47p

B. 우리말에 맞도록 주어진 알파벳으로 시작하는 단어를 써 보세요.

7. 나는 **연필**이 필요해.   I need a p_____.

8. 너는 **펜**을 가지고 있어.   You have a p_____.

9. 너의 **지우개**를 써도 되니? May I use your e_____?

10. **공책**이 있어.   There is a n_____.

11. **자**가 있어.   There is a r_____.

12. 나는 **가위**로 종이를 잘라. I cut paper with s_____.

13. 나는 벽에 **스티커**를 붙여. I stick a s_____ on the wall.

C. 다음 우리말을 보고 알맞은 영어 단어의 철자를 써 보세요.

14. 풀

	l		e

15. 필통

p		c	i			a	e

16. 종이

	a		e	

17. 가지다

	a		

18. 압정

p		h		i	

19. 달라붙다

	t	i		

20. 자르다

	u	

초2400_3_w5

> **I try hard!**
> 나는 열심히 노력해!

> Let's **practice together!**
> 함께 실전연습을 하자!

exercise
연습

Start!
시작!

practice
실전연습

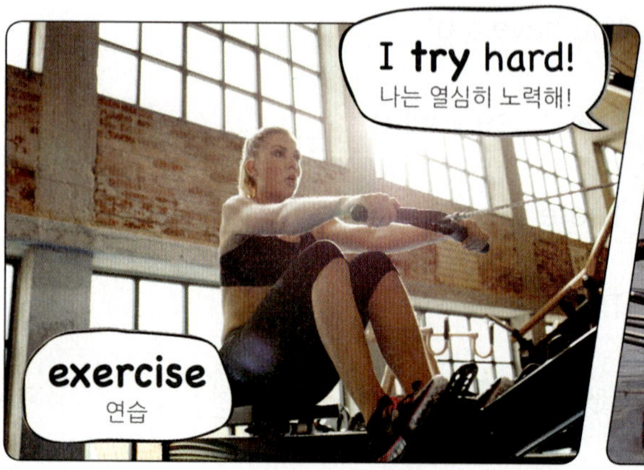

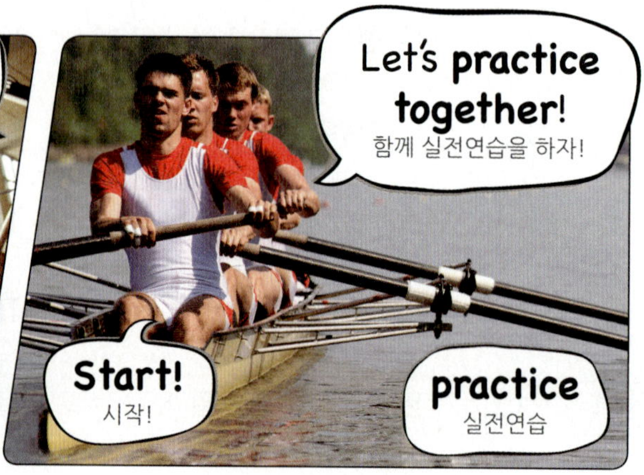

☆초등필수☆

0081

exercise

exercise   e   e

[éksərsàiz] 연습

☆초등필수☆

0082

practice

practice   p   p

[præktis] 실전연습(하다)

☆초등필수☆

0083

together

together   t   t

[təgéðər] 함께

☆초등필수☆

0084

try

try   t   t

[trai] 노력하다, 시도하다

☆초등필수☆

0085

start

start   s   s

[sta:rt] 시작(하다)

☆초등필수☆

0086 **say**

say   s   s

[sei] ~라고 말하다

☆초등필수☆

0087 **tell**

tell   t   t

[tel] 말해주다

☆초등필수☆

0088 **speak**

speak   s   s

[spi:k] (여러 사람에게) 말하다

☆초등필수☆

0089 **aloud**

aloud   a   a

[əláud] 크게

☆초등필수☆

0090 **talk**

talk   t   t

[tɔ:k] 대화하다

0091

wrap-up

[rǽpʌp] 마무리

0092

finish

[fíniʃ] 끝내다

0093

almost

[ɔ́:lmoust] 거의

0094

write

[rait] 쓰다

0095

spell

[spel] 철자를 쓰다

0096

spelling

[spéliŋ] 철자(스펠링)

☆초등필수☆

0097
guess
[ges] 추측하다

☆초등필수☆

0098
think
[θiŋk] 생각하다

☆초등필수☆

0099
understand
[ʌndərstǽnd] 이해하다

☆초등필수☆

0100
show
[ʃou] 보여주다

DAY 05 Activity

STEP 1
ACTIVITY로 암기한 단어를 연습하세요.

STEP 2
ACTIVITY에서 틀린 단어를 복습하세요.

STEP 3
TEST를 통해 오늘 암기한 단어를 확인하세요.

 A. 다음 사진과 설명을 보고 연상되는 영어 단어나 우리말 뜻을 고르세요.

1.

연습

ⓐ write   ⓑ exercise

2.

Do you
(　　　)?
이해하겠나?

ⓐ understand   ⓑ start

3.

think

ⓐ 시작하다   ⓑ 생각하다

4.

(　) who?
누구게?

ⓐ Guess   ⓑ Spell

5.

I like to (　) with you.
난 너랑 대화하는 게 좋아.

ⓐ talk   ⓑ show

6.

wrap-up

ⓐ 마무리   ⓑ 연습

해답 48p

B. 우리말에 맞도록 주어진 알파벳으로 시작하는 단어를 써 보세요.

7. **이해하겠니?**　　Do you u_____?

8. 우리 함께 **실전연습**을 하자.　　Let's p_____ together.

9. 거의 다 **끝냈어**.　　I almost f_____ it.

10. 너에게 그걸 **보여줄게**.　　I will s_____ it to you.

11. 이 카드에 관해 내게 **말해주세요**.　　Please t_____ me about this card.

12. 나는 크게 **말해야겠군요**.　　I have to s_____ aloud.

13. 나는 열심히 **노력해**.　　I t_____ hard.

C. 다음 우리말을 보고 알맞은 영어 단어의 철자를 써 보세요.

14. 연습　　| e | | e | | c | i | | |

15. 함께　　| | o | g | | h | e | |

16. 시작　　| | t | | | t | |

17. 쓰다　　| w | r | | |

18. 거의　　| | l | m | | t | |

19. 추측하다　　| g | u | | |

20. 생각하다　　| | | n | k |

다음 우리말 뜻에 맞는 단어를 괄호 안에서 고르세요.

1. 만나서 반가워.   Nice to (meet / fine) you.

2. 좋은 아침이야.   Good (evening / morning).

3. 칠판을 보세요.   Look at the (notebook / blackboard).

4. 나는 교과서로 배운다.   I (learn / teach) from a textbook.

5. 과학은 어려워.   (Science / Math) is hard.

6. 지우개 갖고 있어?   Do you have an (scissors / eraser)?

7. 너의 연필을 써도 될까?   May I use your (cutter / pencil)?

8. 함께 실전연습을 하자.   Let's (practice / start) together.

9. 나는 너와 대화하는 게 좋아.   I like to (talk / check) with you.

아래 영어 단어의 우리말 뜻을 쓰세요.

10. greeting	_____	16. chant	_____
11. see	_____	17. clip	_____
12. classroom	_____	18. have	_____
13. teach	_____	19. erase	_____
14. homework	_____	20. start	_____
15. test	_____	21. wrap-up	_____

총 40문제입니다.
(각 2.5점씩)

SCORE

GRADE

A	B	C
100~80	80~50	50~

C. 빈칸에 알맞은 단어를 찾아 줄로 연결하세요.

22. Do you _____?
    이해하겠니?   • finish

23. _____ the button.   • understand
    버튼을 눌러라.

24. This is my _____.   • Push
    이것은 내 공책이야.

25. We go to _____.   • afternoon
    우리는 학교에 간다.

26. Open _____ nine.   • page
    9쪽을 펴세요.

27. Good _____.   • school
    오후 인사

28. I almost _____ it.   • notebook
    거의 다 끝냈어.

D. 다음 우리말을 보고 알맞은 영어 단어를 써 보세요.

29. 학생   s_____   35. 운동장   p_____

30. 공부하다   s_____   36. 악수   h_____

31. 밤   n_____   37. 수업   l_____

32. 서다   s_____   38. 반복하다   r_____

33. 달라붙다   s_____   39. 가위   s_____

34. 연습   e_____   40. 쓰다   w_____

STEP 1 사진으로 단어/표현 학습하기 > STEP 2 음원을 듣고 영단어 따라 읽기 > STEP 3 손으로 줄에 맞춰 단어 쓰기

NAME : DATE : . . . GOAL : 필수 0 / 추가 20

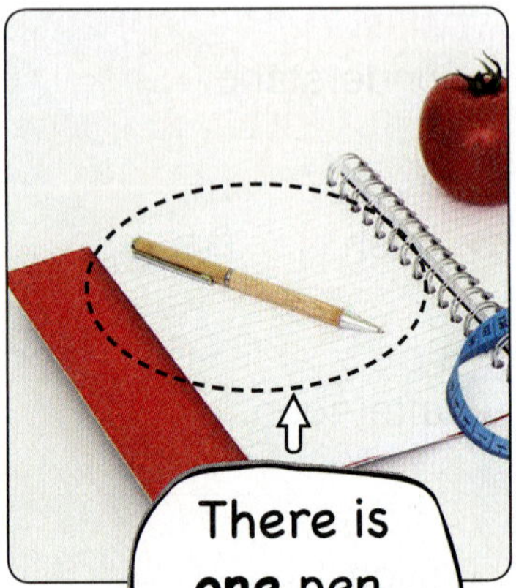

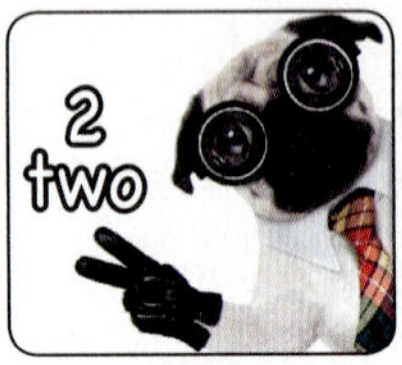

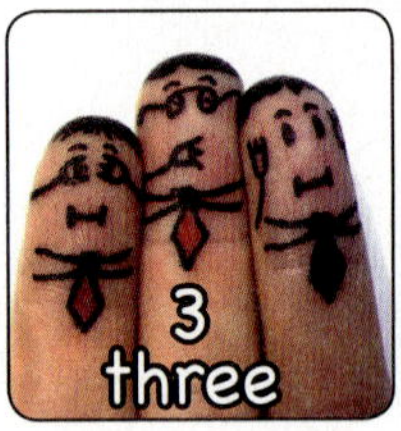

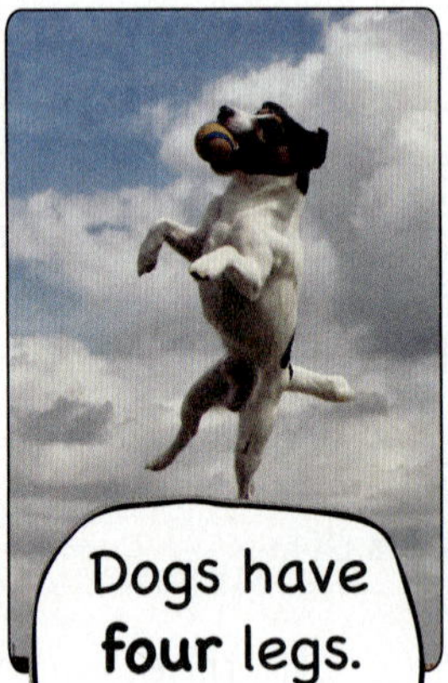

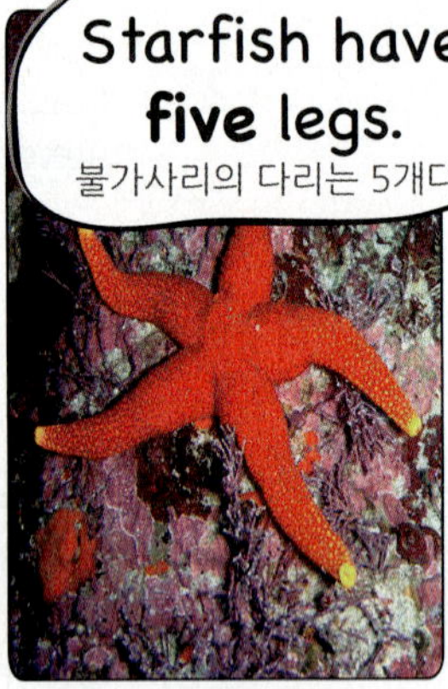

Starfish have **five** legs.
불가사리의 다리는 5개다.

There is **one** pen.
펜 한 개가 있다.

3 three

Dogs have **four** legs.
개의 다리는 4개다.

0101 **one**
one　o

[wʌn] 하나

starfish의 복수형은
단수형과 똑같이
starfish야.

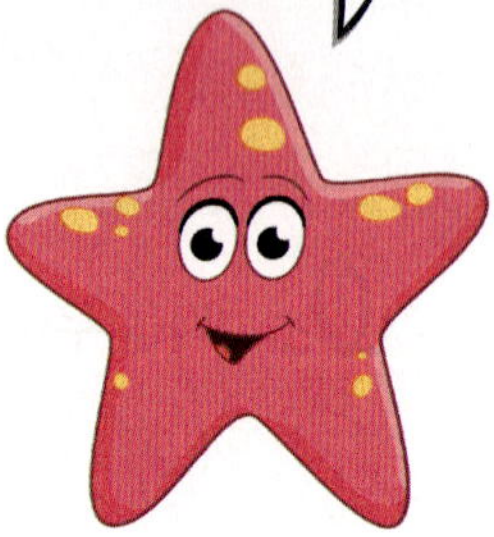

0102 **two**
two　t

[tu:] 둘

0103 **three**
three　t

[θri:] 셋

0104 **four**
four　f　f

[fɔːr] 넷

0105 **five**
five　f　f

[faiv] 다섯

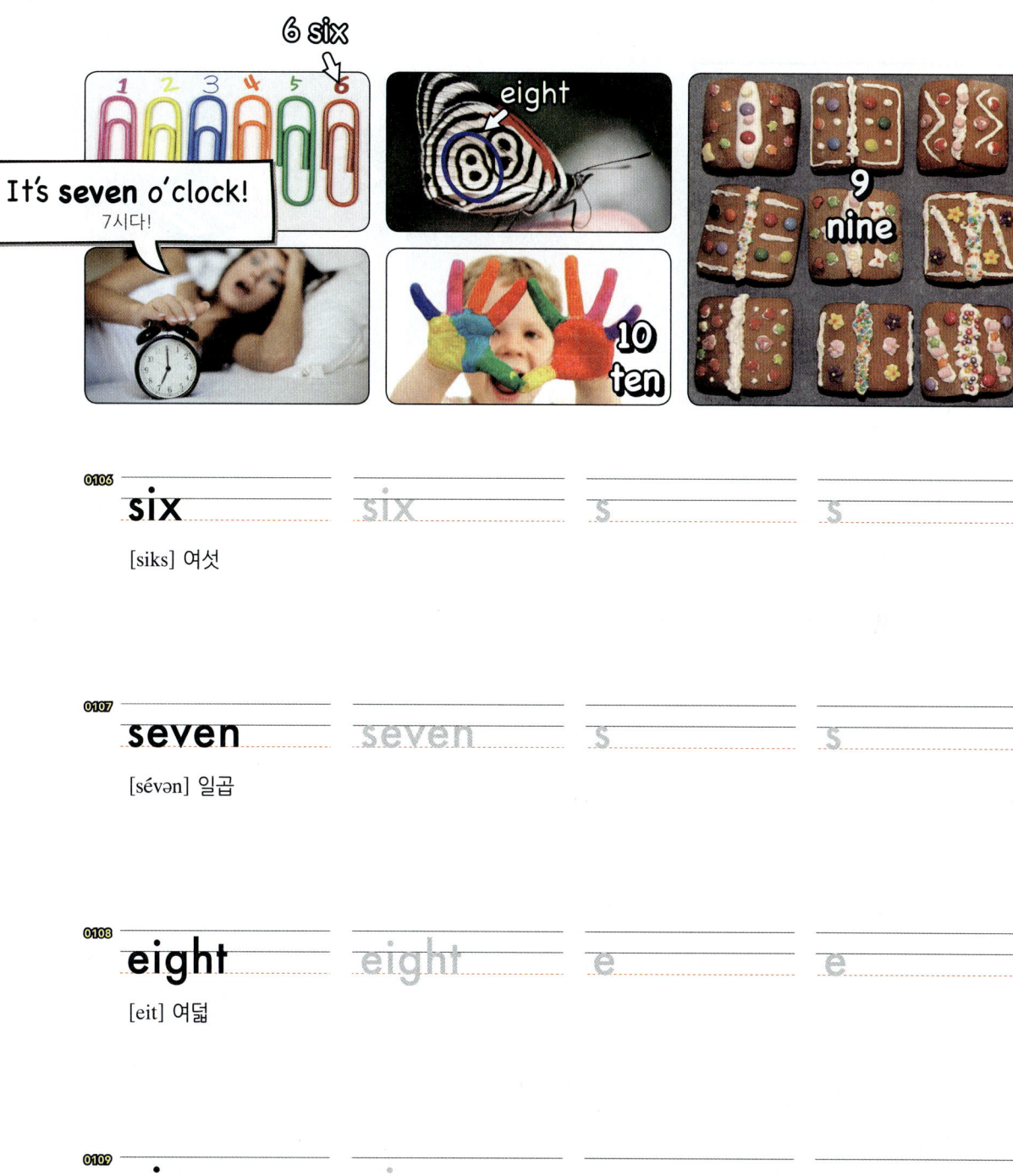

It's **seven** o'clock!
7시다!

6 six

eight

9 nine

10 ten

0106
six
six   s   s

[siks] 여섯

0107
seven
seven   s   s

[sévən] 일곱

0108
eight
eight   e   e

[eit] 여덟

0109
nine
nine   n   n

[nain] 아홉

0110
ten
ten   t   t

[ten] 열

0111
eleven
eleven   e   e

[ilévən] 열하나

0112
twelve
twelve   t   t

[twelv] 열둘

0113
thirteen
thirteen   t   t

[θèːrtíːn] 열셋

0114
fourteen
fourteen   f   f

[fɔ́ːrtíːn] 열넷

0115

fifteen
[fiftí:n] 열다섯

fifteen   f   f

0116

sixteen
[sìkstí:n] 열여섯

sixteen   s   s

This vacation is on July **17th, 18th,** and **19th.**
이번 휴가는 7월 17, 18, 19일이야.

twenty roses
장미꽃 스무 송이

0117

seventeen
[sèvəntí:n] 열일곱

seventeen   s   s

0118

eighteen
[èití:n] 열여덟

eighteen   e   e

0119

nineteen
[nàintí:n] 열아홉

nineteen   n   n

0120

twenty
[twénti] 스물

twenty   t   t

DAY 06 Activity

STEP 1
ACTIVITY로 암기한 단어를 연습하세요.

STEP 2
ACTIVITY에서 틀린 단어를 복습하세요.

STEP 3
TEST를 통해 오늘 암기한 단어를 확인하세요.

 다음 사진과 설명을 보고 연상되는 영어 단어나 우리말 뜻을 고르세요.

1.

ⓐ thirteen   ⓑ fourteen

2.

ⓐ one   ⓑ two

3.
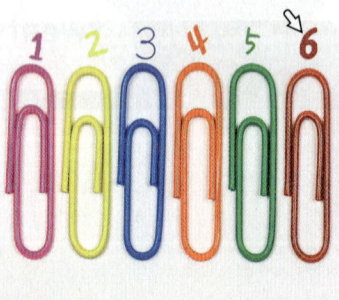

ⓐ six   ⓑ seven

4.

ⓐ 9   ⓑ 10

5.

ⓐ eleven   ⓑ twelve

6.

ⓐ nineteen   ⓑ twenty

B. 우리말에 맞도록 주어진 알파벳으로 시작하는 단어를 써 보세요.

7. 연필이 **2**자루 있다.　　　　　There are t_____ pencils.

8. 공책이 **5**권 있다.　　　　　There are f_____ notebooks.

9. 지우개가 **7**개 있다.　　　　　There are s_____ erasers.

10. 나의 유니폼 번호는 **12**이다.　　　My uniform number is t_____.

11. 나의 유니폼 번호는 **16**이다.　　　My uniform number is s_____.

12. 나의 유니폼 번호는 **18**이다.　　　My uniform number is e_____.

13. 장미가 **20**송이 있다.　　　　　There are t_____ roses.

C. 다음 우리말을 보고 알맞은 영어 단어의 철자를 써 보세요.

14. 1　　　　☐ n ☐

15. 4　　　　f ☐ ☐ r

16. 8　　　　☐ i g ☐ ☐

17. 11　　　e ☐ e ☐ ☐ n

18. 15　　　☐ ☐ f t ☐ ☐ n

19. 17　　　☐ e v ☐ ☐ t e ☐ ☐

20. 19　　　n i ☐ ☐ ☐ e e ☐

DAY 07 This is my home.

NAME :   DATE :   .   .   .   GOAL : 필수 14 / 추가 6

☆초등필수☆
0121
home
[houm] (내가 사는) 집

☆초등필수☆
0122
house
[haus] 집

☆초등필수☆
0123
roof
[ruːf] 지붕

0124
front door
[frʌnt dɔːr] 현관문

0125
doorbell
[dɔ́ːrbel] 초인종

0126

door

door   d   d

[dɔːr] 문

chain
사슬

sofa
소파

window
창문

living room
거실

0127

chain

chain   c   c

[tʃein] 사슬

0128

lock

lock   l   l

[lak] 잠그다

0129

living room

living room   l

[líviŋ ruːm] 거실

0130

sofa

sofa   s   s

[sóufə] 소파

0131

window

window   w   w

[wíndou] 창문

0132
bedroom
bedroom   b   b

[bédrùːm] 침실

0133
bed
bed   b   b

[bed] 침대

0134
room
room   r   r

[ruːm] 방

0135
wall
wall   w   w

[wɔːl] 벽

0136
kitchen
kitchen   k   k

[kítʃən] 부엌

toilet
변기

bathroom
욕실

I **wash** my face in the **bathroom**.
난 욕실에서 얼굴을 씻어.

☆초등필수☆
0137 **bathroom**   bathroom   b   b

[bǽθrùːm] 욕실

☆초등필수☆
0138 **bath**   bath   b   b

[bæθ] 욕조

0139 **toilet**   toilet   t   t

[tɔ́ilit] 변기

☆초등필수☆
0140 **wash**   wash   w   w

[waʃ] 씻다

화장실에서 사용하는 휴지는 영어로 toilet paper야.

DAY 07 Activity

STEP 1
ACTIVITY로 암기한 단어를 연습하세요.

STEP 2
ACTIVITY에서 틀린 단어를 복습하세요.

STEP 3
TEST를 통해 오늘 암기한 단어를 확인하세요.

 A. 다음 사진과 설명을 보고 연상되는 영어 단어나 우리말 뜻을 고르세요.

1.

This is my (　　)!
여기는 우리 집이야!

ⓐ home　　ⓑ wall

2.

doorbell

ⓐ 소파　　ⓑ 초인종

3.

지붕

ⓐ door　　ⓑ roof

4.

사슬

ⓐ chain　　ⓑ window

5.

bedroom

ⓐ 침실　　ⓑ 부엌

6.

변기

ⓐ toilet　　ⓑ bed

B. 우리말에 맞도록 주어진 알파벳으로 시작하는 단어를 써 보세요.

7. 여기는 우리 **집**이야.   This is my h_____.

8. 여기는 **거실**이야.   This is a l_____ r_____.

9. 여기는 **침실**이야.   This is a b_____.

10. 여기는 **부엌**이야.   This is a k_____.

11. 여기는 **욕실**이야.   This is a b_____.

12. 이건 **소파**야.   This is a s_____.

13. 이건 **초인종**이야.   This is a d_____.

C. 다음 우리말을 보고 알맞은 영어 단어의 철자를 써 보세요.

14. 현관문 | f | r | | | | | d | o | |

15. 지붕 | r | | | f |

16. 잠그다 | | o | c | |

17. 창문 | | | n | d | |

18. 벽 | | a | l | |

19. 변기 | t | | | l | e | |

20. 씻다 | | a | s | |

DAY 08 This is my room.

pillow

sheet

blanket ⇒

I'm so sleepy.
난 너무 졸려.

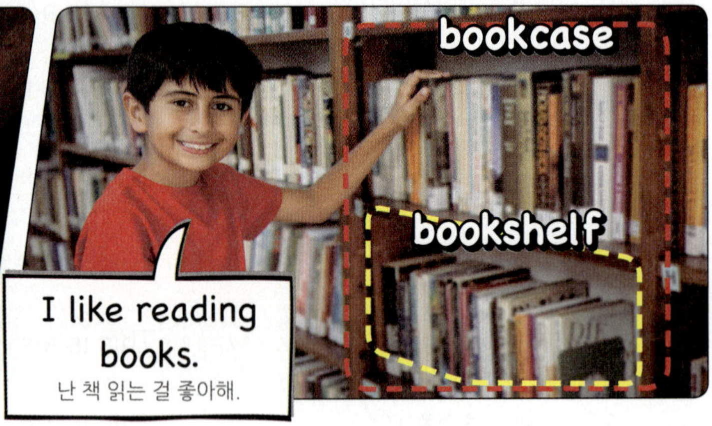

I like reading books.
난 책 읽는 걸 좋아해.

bookcase

bookshelf

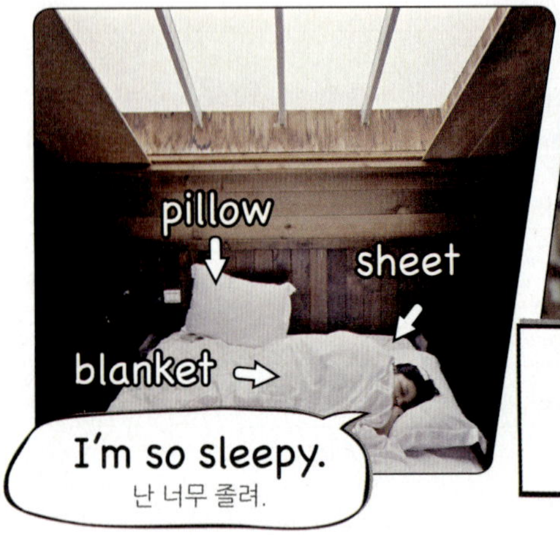

0141 pillow   pillow   p   p

[pílou] 베개

0142 sheet   sheet   s   s

[ʃiːt] 시트(침대에 깔거나 위로 덮는 얇은 천)

0143 blanket   blanket   b   b

[blǽŋkit] 담요

0144 bookcase   bookcase   b

[búkkeis] 책장

0145 bookshelf   bookshelf   b

[búkʃelf] 책꽂이

I **put** a **coin** into the **piggy bank**.
난 돼지 저금통에 동전을 넣어.

coin

piggy bank

mirror

table

☆초등필수☆

0146
put
put   p   p

[put] 넣다

☆초등필수☆

0147
coin
coin   c   c

[kɔin] 동전

0148
piggy bank
piggy bank   p

[pígi bæŋk] 돼지 저금통

☆초등필수☆

0149
mirror
mirror   m   m

[mírər] 거울

☆초등필수☆

0150
table
table   t   t

[téibl] 탁자

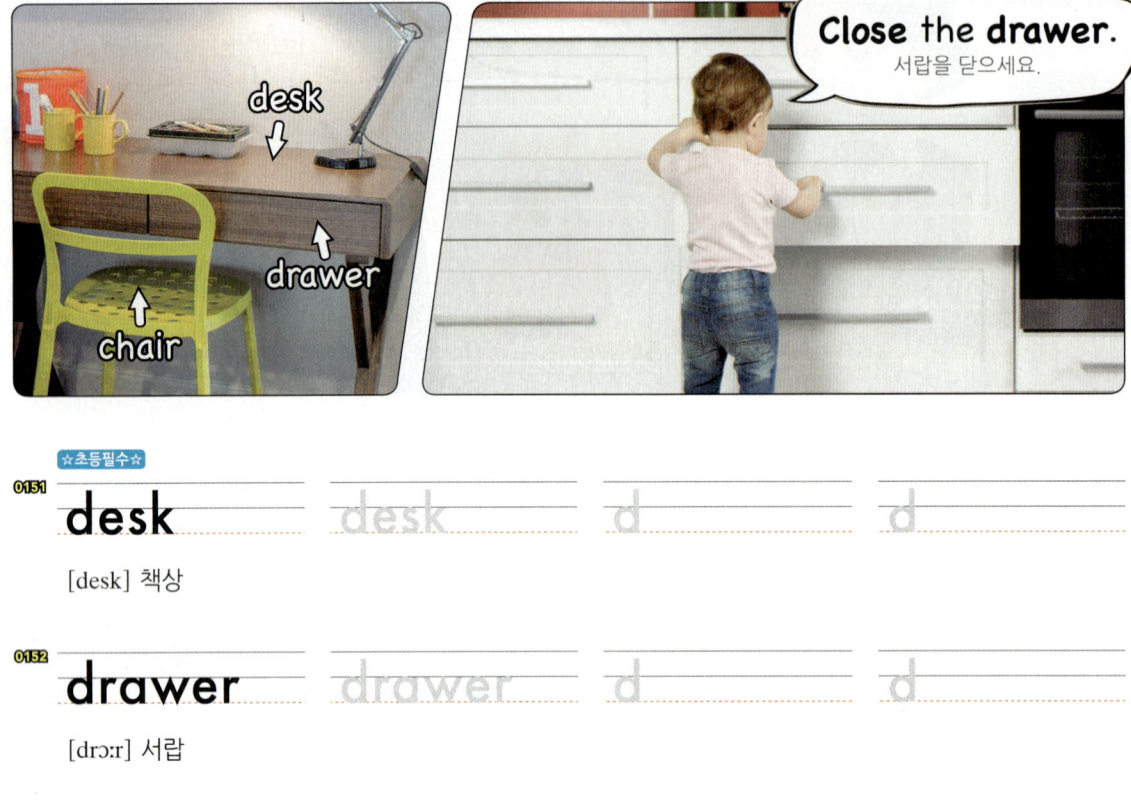

Close the drawer.
서랍을 닫으세요.

0151
desk

desk · d · d

[desk] 책상

0152
drawer

drawer · d · d

[drɔːr] 서랍

0153
chair

chair · c · c

[tʃɛər] 의자

0154
close

close · c · c

[klouz] 닫다

closet
옷장

shelf
선반

0155
shelf
shelf s s

[ʃelf] 선반

0156
lamp
lamp l l

[læmp] 램프, 등

0157
closet
closet c c

[klάzit] 옷장

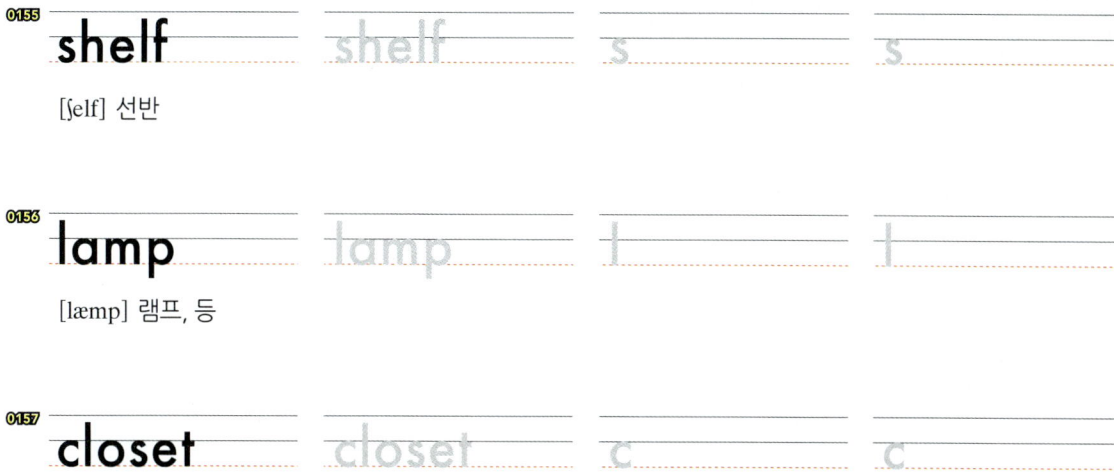

single bed
1인용 침대

double bed
2인용 침대

bunk bed
2층 침대

0158
double bed
double bed d

[dʌbl bed] 2인용 침대

0159
single bed
single bed s

[síŋgl bed] 1인용 침대

0160
bunk bed
bunk bed b

[bʌŋk bed] 2층 침대

DAY 08 Activity

STEP 1
ACTIVITY로 암기한 단어를 연습하세요.

STEP 2
ACTIVITY에서 틀린 단어를 복습하세요.

STEP 3
TEST를 통해 오늘 암기한 단어를 확인하세요.

 다음 사진과 설명을 보고 연상되는 영어 단어나 우리말 뜻을 고르세요.

1.

ⓐ 1인용 침대   ⓑ 2층 침대

2.

ⓐ Close   ⓑ Put

3.

ⓐ drawer   ⓑ blanket

4.

ⓐ piggy bank   ⓑ closet

5.

ⓐ shelf   ⓑ sheet

6.

ⓐ 책상   ⓑ 베개

우리말에 맞도록 주어진 알파벳으로 시작하는 단어를 써 보세요.

7. 이건 **돼지 저금통**이야.   This is a p_____ b_____.

8. 이건 **거울**이야.   This is a m_____.

9. 이건 **담요**야.   This is a b_____.

10. 이건 **베개**야.   This is a p_____.

11. 이건 **탁자**야.   This is a t_____.

12. 이건 **책상**이야.   This is a d_____.

13. 이건 **선반**이야.   This is a s_____.

다음 우리말을 보고 알맞은 영어 단어의 철자를 써 보세요.

14. 넣다 | p | | |

15. 동전 | | o | | n |

16. 의자 | | h | | | r |

17. 닫다 | c | l | | | e |

18. 책꽂이 | b | | | | s | h | | |

19. 서랍 | | | a | w | |

20. 옷장 | | | o | | e | t |

| STEP 1 사진으로 단어/표현 학습하기 | STEP 2 음원을 듣고 영단어 따라 읽기 | STEP 3 손으로 줄에 맞춰 단어 쓰기 |

NAME :   DATE :   .   .   .   GOAL : 필수 17 / 추가 3

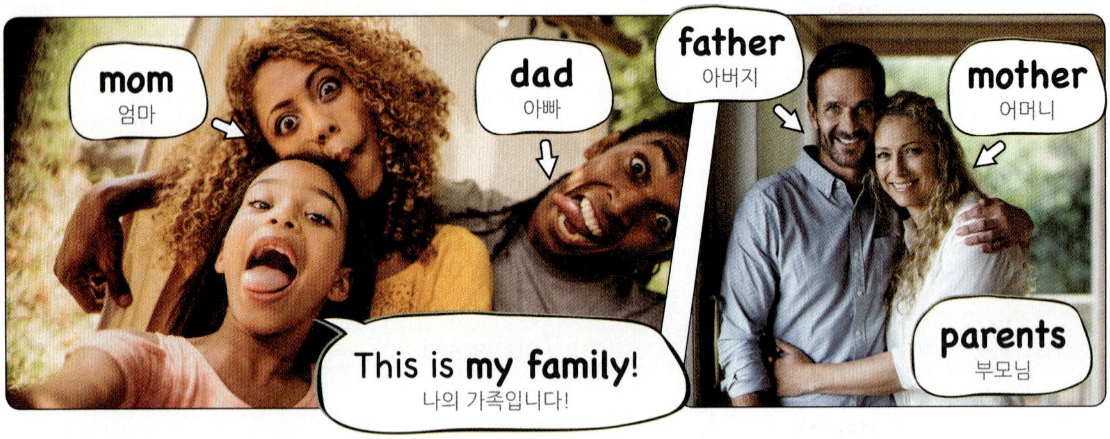

mom 엄마

dad 아빠

father 아버지

mother 어머니

This is **my family!** 나의 가족입니다!

parents 부모님

☆초등필수☆
0161
family
family   f   f

[fǽməli] 가족

0162
my
my   m   m

[mai] 나의

☆초등필수☆
0163
dad
dad   d   d

[dæd] 아빠

☆초등필수☆
0164
mom
mom   m   m

[mam] 엄마

☆초등필수☆
0165
parents
parents   p   p

[pέərənts] 부모님

0166

father

father   f   f

[fá:ðər] 아버지

0167

mother

mother   m   m

[mʌ́ðər] 어머니

She is my **sister.**

그녀는 나의 언니입니다.

This is my **brother.**

이 사람은 나의 남동생입니다.

0168

sibling

sibling   s   s

[síbliŋ] 형제자매

0169

sister

sister   s   s

[sístər] 언니, 누나, 여동생

0170

brother

brother   b   b

[brʌ́ðər] 형, 오빠, 남동생

☆초등필수☆
0171
daughter

[dɔ́:tər] 딸

☆초등필수☆
0172
son

[sʌn] 아들

☆초등필수☆
0173
husband

[hʌ́zbənd] 남편

☆초등필수☆
0174
wife

[waif] 부인

☆초등필수☆
0175
who

[hu] 누구

0176

grandparents

grandparents

[grǽndpɛərənts] 조부모

0177

grandfather

grandfather g

[grǽndfɑ̀:ðər] 할아버지

0178

grandmother

grandmother g

[grǽndmʌ̀ðər] 할머니

0179

adult

adult a a

[ədʌ́lt] 어른

0180

granddaughter

granddaughter

[grǽnddɔ̀:tər] 손녀

DAY 09 Activity

STEP 1
ACTIVITY로 암기한 단어를 연습하세요.

STEP 2
ACTIVITY에서 틀린 단어를 복습하세요.

STEP 3
TEST를 통해 오늘 암기한 단어를 확인하세요.

 A. 다음 사진과 설명을 보고 연상되는 영어 단어나 우리말 뜻을 고르세요.

1.

This is my (　　)!
나의 가족입니다!

ⓐ family   ⓑ son

2.

형제자매

ⓐ dad   ⓑ sibling

3.

parents

ⓐ 부모님   ⓑ 손녀

4.

She is my (　　).
그녀는 나의 언니입니다.

ⓐ brother   ⓑ sister

5.

조부모

ⓐ grandparents
ⓑ granddaughter

6.

son

ⓐ 아들   ⓑ 딸

B. 우리말에 맞도록 주어진 알파벳으로 시작하는 단어를 써 보세요.

7. 이 사람들은 나의 **가족**입니다.   This is my f_____.

8. 이 사람은 나의 **남편**입니다.   This is my h_____.

9. 이 사람은 나의 **아버지**입니다.   This is my f_____.

10. 이 사람은 나의 **할아버지**입니다.   This is my g_____.

11. 이 사람은 나의 **할머니**입니다.   This is my g_____.

12. 이 사람은 나의 **형**입니다.   This is my b_____.

13. 이 사람은 나의 **언니**입니다.   This is my s_____.

C. 다음 우리말을 보고 알맞은 영어 단어의 철자를 써 보세요.

14. 형제자매 | | | b | l | | | |

15. 어른 | | d | | | |

16. 아내 | | i | | |

17. 부모님 | | | r | e | | t | |

18. 아들 | | | n |

19. 딸 | d | | | h | t | | |

20. 누구 | | | o |

DAY 10 I don't like vegetables.

초2400_3_w10

STEP 1 사진으로 단어/표현 학습하기 STEP 2 음원을 듣고 영단어 따라 읽기 STEP 3 손으로 줄에 맞춰 단어 쓰기

NAME :   DATE :   .   .   .   GOAL : 필수 14 / 추가 6

I don't like vegetables.
난 채소를 좋아하지 않아.

I like meat.
난 고기가 좋아.

I like chicken.
난 닭고기가 좋아.

☆초등필수☆
0181 **food**   food   f   f

[fu:d] 음식

☆초등필수☆
0182 **vegetable**   vegetable   v   v

[védʒətəbl] 채소

☆초등필수☆
0183 **chicken**   chicken   c   c

[tʃíkən] 닭고기

☆초등필수☆
0184 **meat**   meat   m   m

[mi:t] 고기

☆초등필수☆
0185 **like**   like   l   l

[laik] 좋아하다

beef
소고기

pork
돼지고기

I want sweet tea!
난 달콤한 차를 원해!

sugar
설탕

0186 **beef** — beef — b — b

[bi:f] 소고기

0187 **pork** — pork — p — p

[pɔ:rk] 돼지고기

☆초등필수☆

0188 **sugar** — sugar — s — s

[ʃúgər] 설탕

a cup of tea
차 한 잔

0189 **tea** — tea — t — t

[ti:] 차

☆초등필수☆

0190 **want** — want — w — w

[want] 원하다

0191 **sweet** — sweet — s — s

[swi:t] 달콤한

I eat bread.
난 빵을 먹는다.

spoon
숟가락

소금

☆초등필수☆

0192
eat

eat　　　e　　　e

[i:t] 먹다

☆초등필수☆

0193
bread

bread　　　b　　　b

[bred] 빵

☆초등필수☆

0194
spoon

spoon　　　s　　　s

[spu:n] 숟가락

☆초등필수☆

0195
salt

salt　　　s　　　s

[sɔ:lt] 소금

A cat drinks milk.
고양이가 우유를 마신다.

hamburger
햄버거

☆초등필수☆

0196
drink drink d d

[driŋk] 마시다

☆초등필수☆

0197
milk milk m m

[milk] 우유

0198
hamburger hamburger h

[hǽmbə̀:rgər] 햄버거

We are **fruits!**
우리는 과일들이야!

fruit juice
과일 주스

☆초등필수☆

0199
fruit fruit f f

[fru:t] 과일

0200
juice juice j j

[dʒu:s] 주스

DAY 10 Activity

STEP 1
ACTIVITY로 암기한 단어를 연습하세요.

STEP 2
ACTIVITY에서 틀린 단어를 복습하세요.

STEP 3
TEST를 통해 오늘 암기한 단어를 확인하세요.

 A. 다음 사진과 설명을 보고 연상되는 영어 단어나 우리말 뜻을 고르세요.

1.

I don't like (　　　)s.
난 채소를 좋아하지 않아.

ⓐ meat　　　ⓑ vegetable

2.

소고기

ⓐ beef　　　ⓑ sugar

3.

pork

ⓐ 돼지고기　　　ⓑ 닭고기

4.

설탕

ⓐ salt　　　ⓑ sugar

5.

salt

ⓐ 소금　　　ⓑ 차

6.

We are (　　　)s!
우리는 과일들이야!

ⓐ milk　　　ⓑ fruit

B. 우리말에 맞도록 주어진 알파벳으로 시작하는 단어를 써 보세요.

7. 나는 **채소**를 좋아하지 않아.　I don't like v_____s.

8. 나는 **닭고기**를 좋아해.　I like c_____.

9. 나는 **우유**를 좋아해.　I like m_____.

10. 나는 **과일**을 좋아해.　I like f_____s.

11. 나는 음식을 **먹는다**.　I e_____ food.

12. 나는 주스를 **마신다**.　I d_____ juice.

13. 나는 빵을 **원한다**.　I w_____ bread.

C. 다음 우리말을 보고 알맞은 영어 단어의 철자를 써 보세요.

14. 숟가락　| s | | | n |

15. 빵　| b | | e | a | |

16. 햄버거　| h | | m | b | | r | | r |

17. 고기　| | | t |

18. 설탕　| | u | | r |

19. 달콤한　| | | e | e |

20. 차　| | | a |

A. 다음 우리말 뜻에 맞는 단어를 괄호 안에서 고르세요.

1. 공책이 세 권 있다. There are (three / four) notebooks.

2. 7채의 집이 있어. There are 7 (houses / roofs).

3. 여기는 부엌이야. This is a (living room / kitchen).

4. 이건 서랍이야. This is a (shelf / drawer).

5. 이건 옷장이야. This is a (closet / mirror).

6. 이 사람은 나의 남동생이야. This is my (brother / sister).

7. 나의 가족을 소개할게요. Let me introduce my (family / parents).

8. 나는 우유를 좋아해. I like (tea / milk).

9. 나는 그것에 설탕을 넣어. I put (sugar / salt) in it.

B. 아래 영어 단어의 우리말 뜻을 쓰세요.

10. fifteen _____   16. ten _____

11. window _____   17. bathroom _____

12. desk _____   18. chair _____

13. blanket _____   19. son _____

14. daughter _____   20. sibling _____

15. bread _____   21. meat _____

총 40문제입니다.
(각 2.5점씩)

SCORE

GRADE

A	B	C
100~80	80~50	50~

C. 빈칸에 알맞은 단어를 찾아 줄로 연결하세요.

22. There are _____ students.
    20명의 학생들이 있다.   • six

23. My uniform number is _____.   • sister
    내 유니폼 번호는 6이다.

24. This is a _____.   • fruit
    여기는 거실이야.

25. This is a _____.   • twenty
    이것은 소파야.

26. My brother and I use a _____.   • bunk bed
    남동생과 나는 2층 침대를 쓴다.

27. I have a _____.   • sofa
    나는 여동생이 한 명 있다.

28. I eat some _____s.   • living room
    나는 약간의 과일을 먹는다.

D. 다음 우리말을 보고 알맞은 영어 단어를 써 보세요.

29. 8   e_____   35. 12   t_____

30. 변기   t_____   36. 문   d_____

31. 선반   s_____   37. 거울   m_____

32. 베개   p_____   38. 남편   h_____

33. 아내   w_____   39. 달콤한   s_____

34. 채소   v_____   40. 원하다   w_____

STEP 1 사진으로 단어/표현 학습하기 STEP 2 음원을 듣고 영단어 따라 읽기 STEP 3 손으로 줄에 맞춰 단어 쓰기

NAME :   DATE : . . .   GOAL : 필수 9 / 추가 11

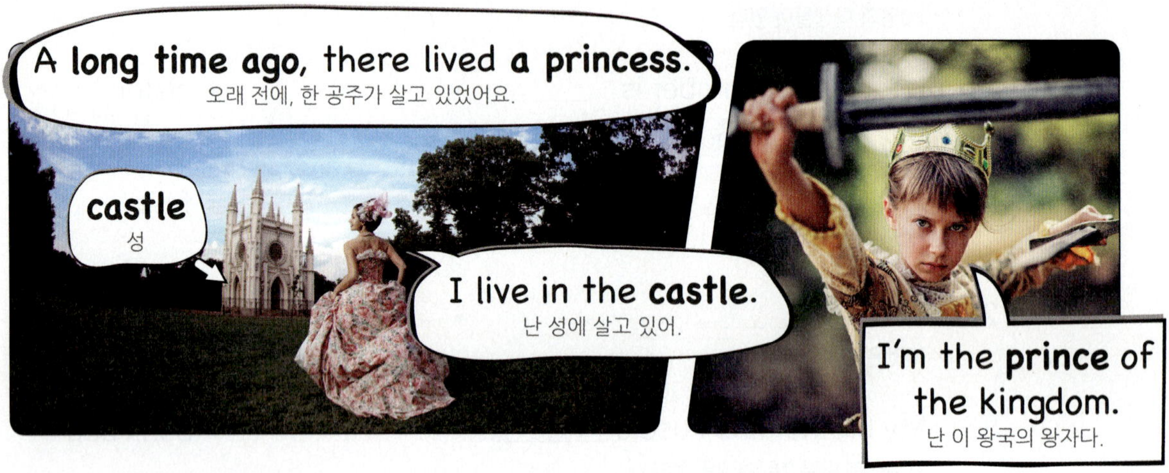

A **long time ago**, there lived **a princess**.
오래 전에, 한 공주가 살고 있었어요.

castle
성

I live in the **castle**.
난 성에 살고 있어.

I'm the **prince** of the **kingdom**.
난 이 왕국의 왕자다.

0201
long time
long time   l

[lɔːŋ taim] 긴 시간

 ☆초등필수☆
0202
ago
ago   a   a

[əgóu] 전에

☆초등필수☆
0203
princess
princess   p   p

[prínses] 공주

☆초등필수☆
0204
castle
castle   c   c

[kǽsl] 성

☆초등필수☆
0205
prince
prince   p   p

[prins] 왕자

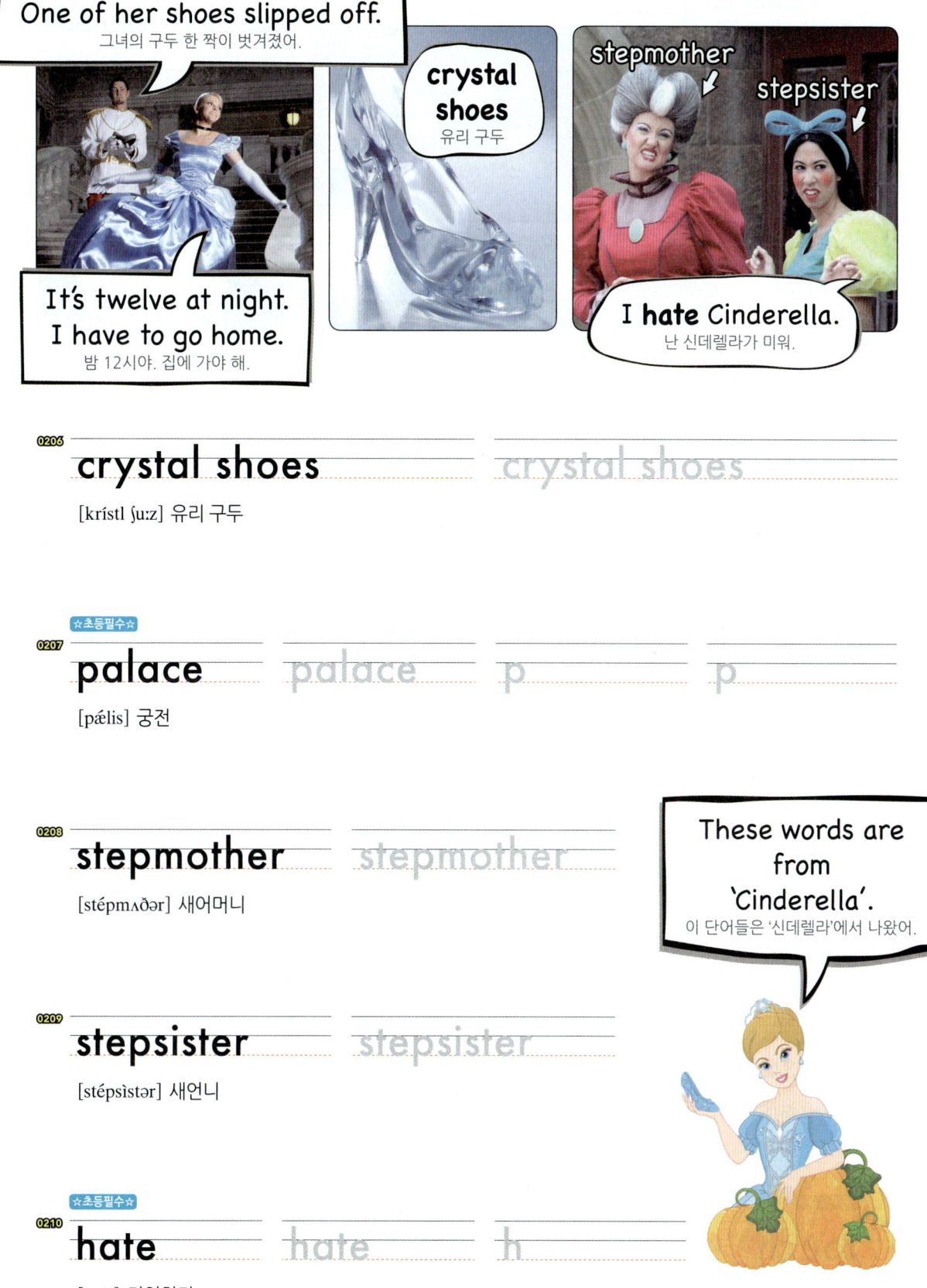

0206

crystal shoes

crystal shoes

[krístl ʃuːz] 유리 구두

☆초등필수☆

0207

palace

palace   p   p

[pǽlis] 궁전

0208

stepmother

stepmother

[stépmʌðər] 새어머니

0209

stepsister

stepsister

[stépsìstər] 새언니

☆초등필수☆

0210

hate

hate   h

[heit] 미워하다

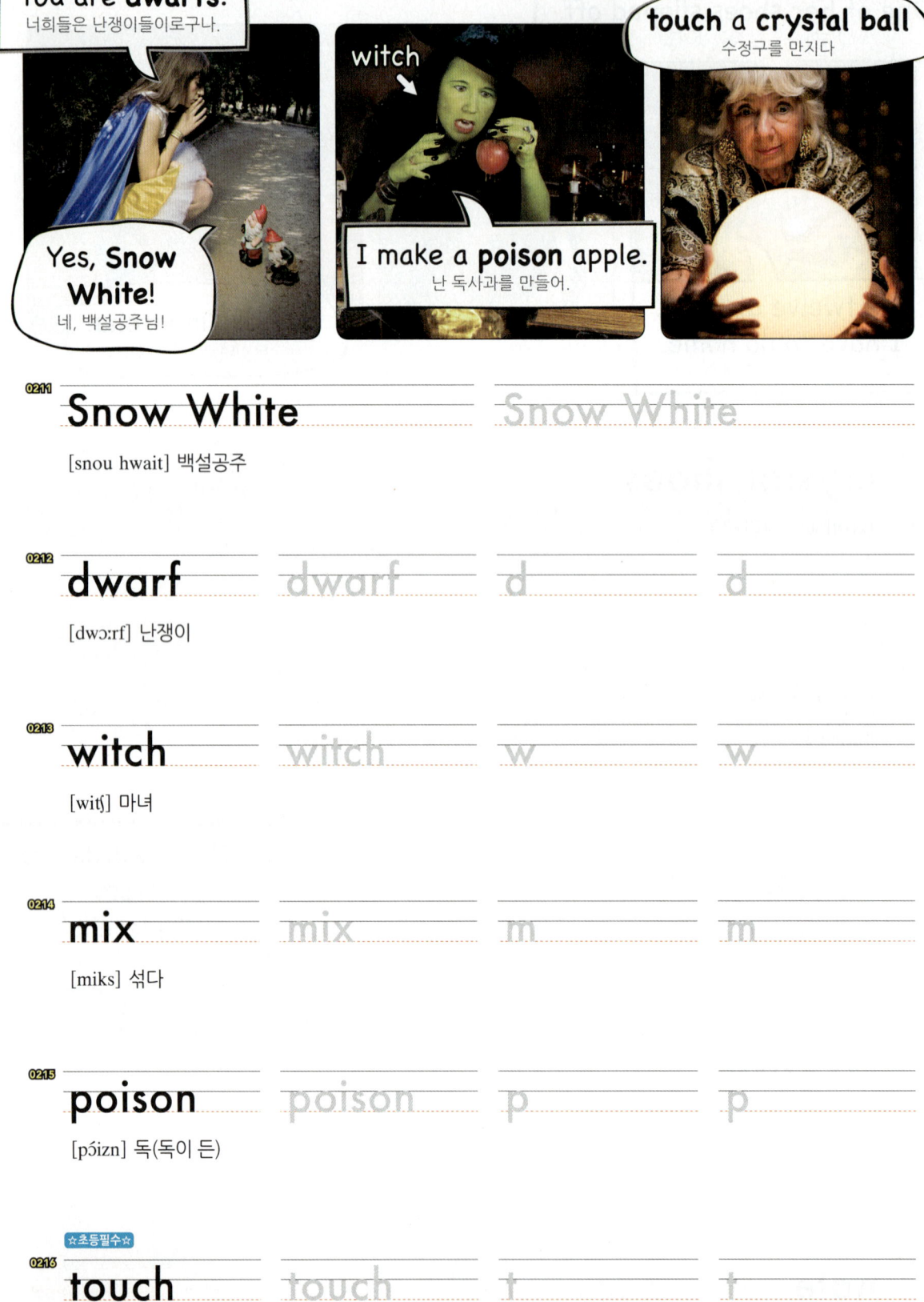

0211
Snow White

Snow White

[snou hwait] 백설공주

0212
dwarf

dwarf　　d　　d

[dwɔːrf] 난쟁이

0213
witch

witch　　w　　w

[witʃ] 마녀

0214
mix

mix　　m　　m

[miks] 섞다

0215
poison

poison　　p　　p

[pɔ́izn] 독(독이 든)

☆초등필수☆

0216
touch

touch　　t　　t

[tʌtʃ] 만지다

0217

crystal ball

crystal ball　　　c

[krístl bɔːl] 수정구

kingdom
왕국

0218

king

king　　　k　　　k

[kiŋ] 왕

0219

queen

queen　　　q　　　q

[kwiːn] 왕비

0220

kingdom

kingdom　　　k　　　k

[kíŋdəm] 왕국

We are the characters
from fairy tales.
우리는 동화 속 인물들이야.

DAY 11 Activity

STEP 1
ACTIVITY로 암기한 단어를 연습하세요.

STEP 2
ACTIVITY에서 틀린 단어를 복습하세요.

STEP 3
TEST를 통해 오늘 암기한 단어를 확인하세요.

 A. 다음 사진과 설명을 보고 연상되는 영어 단어나 우리말 뜻을 고르세요.

1.

ⓐ 하늘　　　ⓑ 성

2.

ⓐ 유리 구두　　　ⓑ 수정구

3.

ⓐ dwarf　　　ⓑ poison

4.

ⓐ mix　　　ⓑ touch

5.

ⓐ witch　　　ⓑ princess

6.

ⓐ king　　　ⓑ kingdom

B. 우리말에 맞도록 주어진 알파벳으로 시작하는 단어를 써 보세요.

7. 한 **공주**가 살고 있었다.　　　　There lived a p＿＿＿＿＿＿＿.

8. 나는 그 **성**에 살고 있어.　　　　I live in the c＿＿＿＿＿＿.

9. 내 **유리 구두**가 벗겨졌어.　　　　My c＿＿＿＿＿ s＿＿＿＿ slipped off.

10. 나에겐 **새어머니**가 있어.　　　　I have a s＿＿＿＿＿＿＿＿.

11. 나는 신데렐라가 **미워**.　　　　I h＿＿＿＿＿＿ Cinderella.

12. 나는 **독**사과를 만들어.　　　　I make a p＿＿＿＿＿＿ apple.

13. 나는 수정구를 **만진다**.　　　　I t＿＿＿＿＿＿ a crystal ball.

C. 다음 우리말을 보고 알맞은 영어 단어의 철자를 써 보세요.

14. 난쟁이　|　|　| a | r |　|

15. 마녀　|　| i |　| h |

16. 섞다　| m |　|　|

17. 왕　|　|　| n |　|

18. 여왕　|　|　| e | e |　|

19. 왕자　| p |　|　| c | e |

20. 오래 전에　| a |　| l |　|　|　| t |　|　|　|　| g |　|

She is pretty.
그녀는 예쁩니다.

He is handsome.
그는 잘생겼습니다.

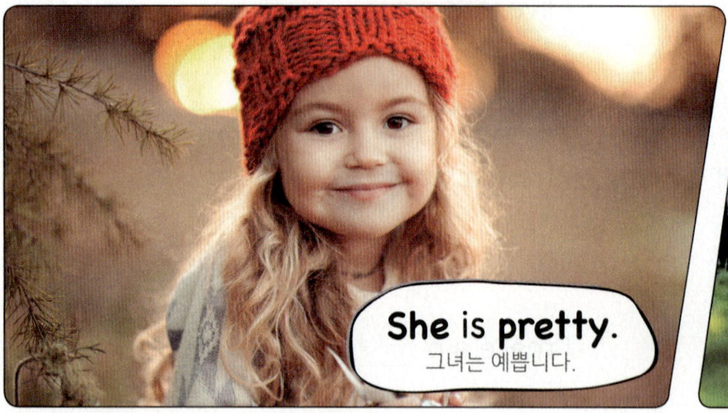

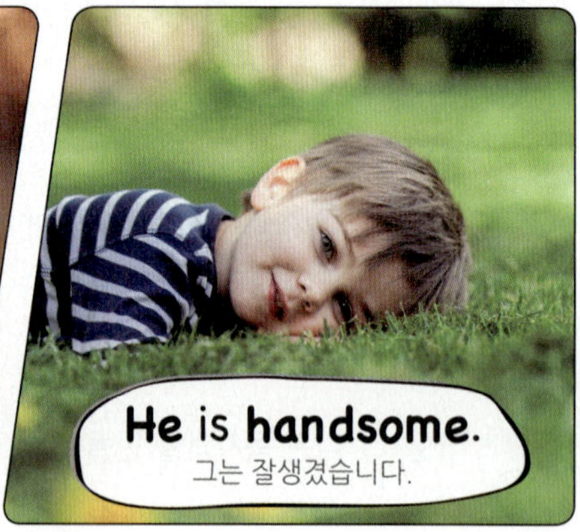

☆초등필수☆
0221
she
she   s   s
[ʃiː] 그녀

☆초등필수☆
0222
he
he   h   h
[hi] 그

☆초등필수☆
0223
pretty
pretty   p   p
[príti] 예쁜

☆초등필수☆
0224
handsome
handsome   h
[hǽnsəm] 잘생긴

0225
good-looking
good-looking
[gudlúkiŋ] 보기 좋은

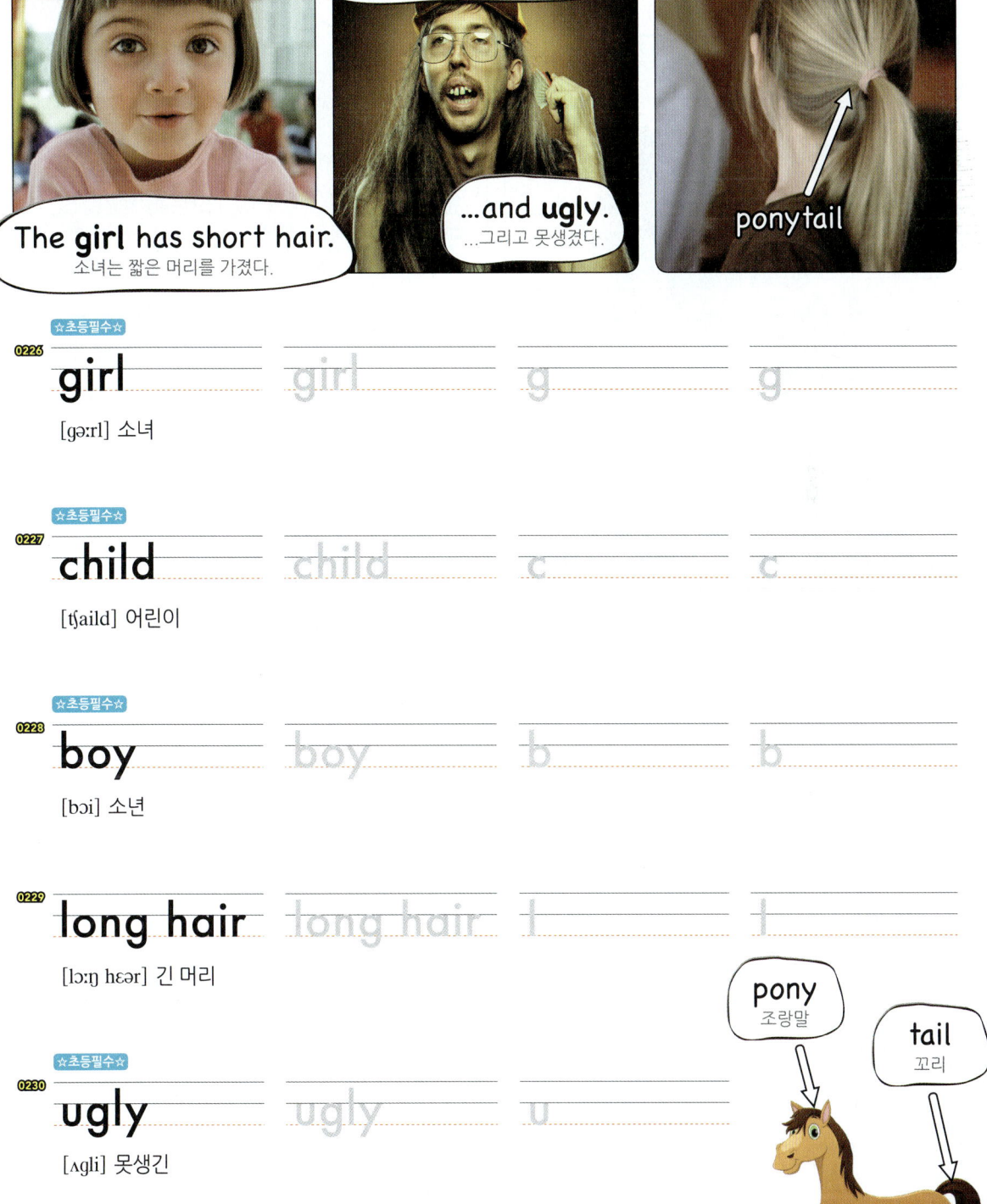

The **boy** has **long hair**.
소년은 긴 머리를 가졌다.

ponytail

The **girl** has short hair.
소녀는 짧은 머리를 가졌다.

...and **ugly**.
...그리고 못생겼다.

☆초등필수☆
0226 **girl**   girl   g   g

[gəːrl] 소녀

☆초등필수☆
0227 **child**   child   c   c

[tʃaild] 어린이

☆초등필수☆
0228 **boy**   boy   b   b

[bɔi] 소년

0229 **long hair**   long hair   l   l

[lɔːŋ hɛər] 긴 머리

pony
조랑말

tail
꼬리

☆초등필수☆
0230 **ugly**   ugly   u

[ʌgli] 못생긴

0231 **ponytail**   ponytail   p

[póunitèil] 묶은 머리

0232
short

short   s   s

[ʃɔːrt] 키 작은

0233
tall

tall   t   t

[tɔːl] 키 큰

0234
old

old   o   o

[ould] 늙은

0235
young

young   y   y

[jʌŋ] 젊은

0236
beautiful

beautiful   b   b

[bjú:təfəl] 아름다운

You **look like** me!
너 나랑 비슷하게 보이는데!

weight
몸무게

height
키

☆초등필수☆
0237
look

look   l   l

[luk] 보다, 보이다

☆초등필수☆
0238
like

like   l   l

[laik] ~과 비슷한

☆초등필수☆
0239
weight

weight   w   w

[weit] 몸무게

0240
height

height   h   h

[hait] 키

STEP 1
ACTIVITY로 암기한 단어를 연습하세요.

STEP 2
ACTIVITY에서 틀린 단어를 복습하세요.

STEP 3
TEST를 통해 오늘 암기한 단어를 확인하세요.

 다음 사진과 설명을 보고 연상되는 영어 단어나 우리말 뜻을 고르세요.

1.

I'm (   ).
난 잘생겼어.

ⓐ ugly ⓑ handsome

2.

The girl has short hair.
(   )는 짧은 머리를 가졌다.

ⓐ 소녀 ⓑ 긴 머리

3.

묶은 머리

ⓐ ponytail ⓑ tall

4.

I'm old but (   ).
나는 늙었지만 아름다워.

ⓐ beautiful ⓑ young

5.
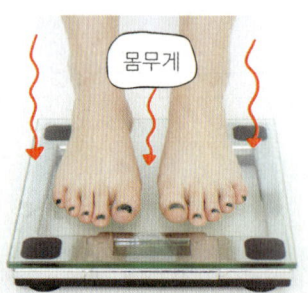

몸무게

ⓐ weight ⓑ height

6.

height

ⓐ 몸무게 ⓑ 키

B. 우리말에 맞도록 주어진 알파벳으로 시작하는 단어를 써 보세요.

7. 그녀는 **예쁘다**.　　She is p_____.

8. 그는 **잘생겼다**.　　He is h_____.

9. 소녀는 **짧은** 머리를 가졌다.　　The girl has s_____ hair.

10. 소년은 **긴 머리**를 가졌다.　　The boy has l_____ h_____.

11. 그는 **젊다**.　　He is y_____.

12. 그녀는 **늙었다**.　　She is o_____.

13. 너는 나와 **비슷해** 보인다.　　You look l_____ me.

C. 다음 우리말을 보고 알맞은 영어 단어의 철자를 써 보세요.

14. 보기 좋은　g | | | d | - | l | | | k | i | n | g

15. 묶은 머리　| | o | | y | | i | l

16. 못생긴　| | g | |

17. 키가 큰　t | | |

18. 보다, 보이다　| | | k

19. 몸무게　| | i | g | |

20. 키　h | | | h | |

STEP 1 사진으로 단어/표현 학습하기 ＞ STEP 2 음원을 듣고 영단어 따라 읽기 ＞ STEP 3 손으로 줄에 맞춰 단어 쓰기

NAME :   DATE :   .   .   .   GOAL : 필수 16 / 추가 4

Get on the bus!
버스에 타거라!

fly

airport
공항

I want to travel by airplane.
난 비행기로 여행을 가고 싶어요.

☆초등필수☆
0241
airplane
[ɛ́ərplèin] 비행기

☆초등필수☆
0242
by
[bai] ~으로

☆초등필수☆
0243
airport
[ɛ́ərpɔ̀ːrt] 공항

"want to + 동사원형"은 "~을 하고 싶다"라는 뜻이에요.

☆초등필수☆
0244
fly
[flai] 날다

☆초등필수☆
0245
go
[gou] 가다

0246

get on

get on   g   g

[get ən] ~에 타다

☆초등필수☆

0247

bus

bus   b   b

[bʌs] 버스

fast

slow

traffic sign
교통 표지판

STOP

Stop!
멈춰!

☆초등필수☆

0248

slow

slow   s   s

[slou] 느린

☆초등필수☆

0249

fast

fast   f   f

[fæst] 빠른

☆초등필수☆

0250

stop

stop   s   s

[stap] 멈추다

0251

traffic

traffic   t   t

[træfik] 교통

subway
지하철

train station
기차역

I have to **take** this **train**!
난 이 기차를 타야만 해!

ship
배

boat
보트

☆초등필수☆

0252
subway
subway s s

[sʌ́bwèi] 지하철

☆초등필수☆

0253
train
train t t

[trein] 기차

☆초등필수☆

0254
take
take t t

[teik] 타다

0255
station
station s s

[stéiʃən] 역

0256
boat
boat   b   b

[bout] 보트

0257
ship
ship   s   s

[ʃip] 배

I can't **drive** a **car**.
난 차를 운전할 수 없어.

TAXI!
택시!

0258
drive
drive   d   d

[draiv] 운전하다

0259
car
car   c   c

[kɑːr] 자동차

0260
taxi
taxi   t   t

[tǽksi] 택시

DAY 13 Activity

STEP 1
ACTIVITY로 암기한 단어를 연습하세요.

STEP 2
ACTIVITY에서 틀린 단어를 복습하세요.

STEP 3
TEST를 통해 오늘 암기한 단어를 확인하세요.

 다음 사진과 설명을 보고 연상되는 영어 단어나 우리말 뜻을 고르세요.

1.

airport

ⓐ 공항   ⓑ 지하철

2.

빠른

ⓐ boat   ⓑ fast

3.

( ) sign
교통 표지판

ⓐ fly   ⓑ traffic

4.

train ( )
기차역

ⓐ station   ⓑ airport

5.

ship

ⓐ 배   ⓑ 버스

6.

I can't ( ) a car.
난 차를 운전할 수 없어.

ⓐ fast   ⓑ drive

B. 우리말에 맞도록 주어진 알파벳으로 시작하는 단어를 써 보세요.

7. 나는 **비행기**로 여행하고 싶어.   I want to travel by a_____.

8. 나는 **버스**로 여행하고 싶어.   I want to travel by b_____.

9. 나는 **지하철**로 여행하고 싶어.   I want to travel by s_____.

10. 나는 **기차**로 여행하고 싶어.   I want to travel by t_____.

11. 나는 **배**로 여행하고 싶어.   I want to travel by s_____.

12. 나는 **역**에 간다.   I go to the s_____.

13. 나는 **공항**에 간다.   I go to the a_____.

C. 다음 우리말을 보고 알맞은 영어 단어의 철자를 써 보세요.

14. ~으로 | b | |

15. 날다 | | l | |

16. ~에 타다 | | | t | | | n |

17. 멈추다 | | t | |

18. 느린 | | | o | |

19. 빠른 | | a | | |

20. 운전하다 | d | | | | e |

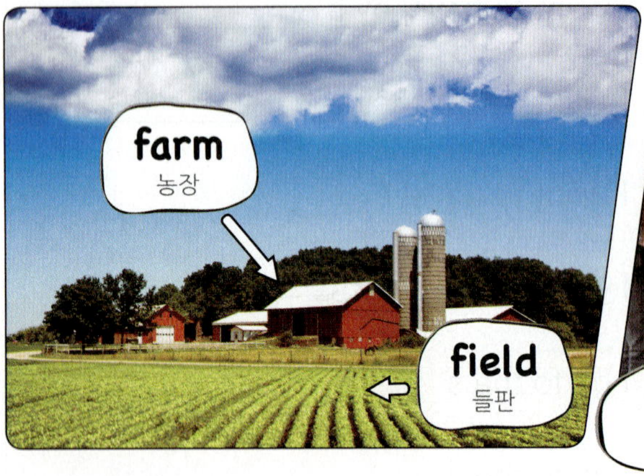

farm 농장

field 들판

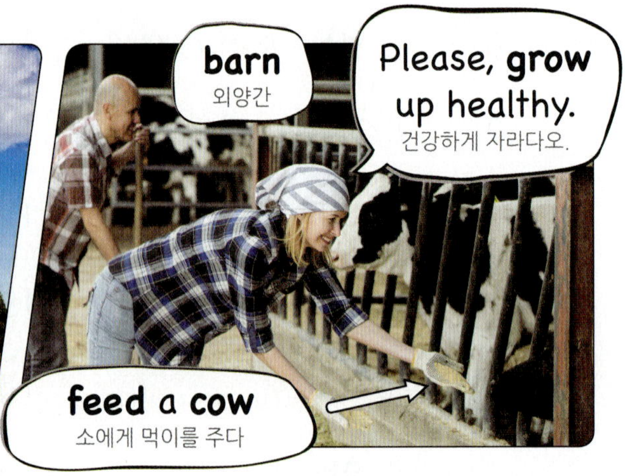

barn 외양간

Please, grow up healthy.
건강하게 자라다오.

feed a cow
소에게 먹이를 주다

☆초등필수☆
0261 **farm**   farm   f   f
[fɑ:rm] 농장

☆초등필수☆
0262 **field**   field   f   f
[fi:ld] 들판

0263 **barn**   barn   b   b
[bɑ:rn] 외양간

cow는 암소를 뜻하고, 숫소는 영어로 "bull"이야.

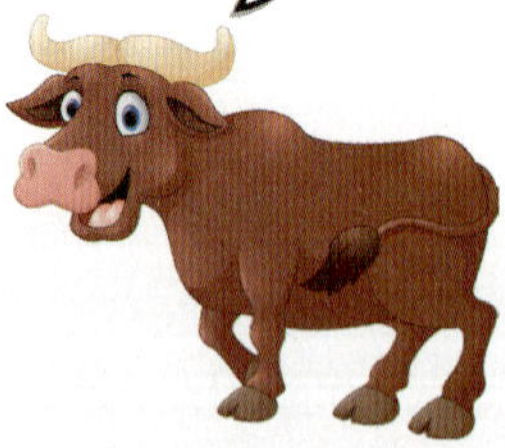

☆초등필수☆
0264 **grow**   grow   g
[grou] 자라다

☆초등필수☆
0265 **cow**   cow   c
[kau] 소

0266
feed
feed   f   f

[fi:d] 먹이를 주다

0267
countryside
countryside   c

[kʌ́ntrisaid] 시골

rice planting
모내기

farmer

harvest
추수하다

0268
farmer
farmer   f   f

[fá:rmər] 농부

0269
rice
rice   r   r

[rais] 쌀, 벼

0270
plant
plant   p   p

[plænt] 심다

0271
harvest
harvest   h   h

[há:rvist] 추수하다

corn
옥수수

wheat
밀

seed
씨앗

0272
corn   corn   c   c

[kɔːrn] 옥수수

0273
wheat   wheat   w   w

[hwiːt] 밀

0274
seed   seed   s   s

[siːd] 씨앗

It's a goat!
염소다!

sheep
양

fence

horse
말

0275
goat   goat   g   g

[gout] 염소

0276
sheep
sheep　　s

[ʃiːp] 양

새끼 양은 영어로 "lamb"이야!

☆초등필수☆
0277
horse
horse　　h

[hɔːrs] 말

0278
fence
fence　　f　　f

[fens] 울타리

pig
돼지

I'm **weeding**.
저는 잡초를 뽑고 있어요.

← weed

☆초등필수☆
0279
pig
pig　　p　　p

[pig] 돼지

0280
weed
weed　　w　　w

[wiːd] 잡초(를 뽑다)

DAY 14 Activity

STEP 1
ACTIVITY로 암기한 단어를 연습하세요.

STEP 2
ACTIVITY에서 틀린 단어를 복습하세요.

STEP 3
TEST를 통해 오늘 암기한 단어를 확인하세요.

 다음 사진과 설명을 보고 연상되는 영어 단어나 우리말 뜻을 고르세요.

1.

ⓐ feed   ⓑ field

2.

ⓐ farmer   ⓑ farm

3.

ⓐ 추수하다   ⓑ 자라다

4.

ⓐ weed   ⓑ seed

5.

ⓐ horse   ⓑ sheep

6.

ⓐ 잡초   ⓑ 씨앗

우리말에 맞도록 주어진 알파벳으로 시작하는 단어를 써 보세요.

7. 나는 소에게 **먹이를 준다**.   I f_____ a cow.

8. 여기는 **농장**이다.   This is a f_____.

9. 나는 **잡초를 뽑고** 있다.   I'm w_____ing.

10. 나는 **씨앗**을 심는다.   I plant a s_____.

11. 나는 **밀**을 심는다.   I plant w_____.

12. 이것은 **염소**이다.   This is a g_____.

13. 이것은 **양**이다.   This is a s_____.

C. 다음 우리말을 보고 알맞은 영어 단어의 철자를 써 보세요.

14. 옥수수 | c | o | | |

15. 쌀, 벼 | | i | | e |

16. 자라다 | | r | | w |

17. 심다 | | l | | t | |

18. 농부 | f | | r | m | | r |

19. 추수하다 | h | a | | v | | s | |

20. 울타리 | | e | n | | |

STEP 1 사진으로 단어/표현 학습하기 〉 **STEP 2** 음원을 듣고 영단어 따라 읽기 〉 **STEP 3** 손으로 줄에 맞춰 단어 쓰기

NAME :   DATE :   .   .   .   GOAL : 필수 6 / 추가 14

It's very **exciting**!
이거 정말 신난다!

roller coaster
롤러코스터

wow~

It's **fun**!
재밌어!

flume ride
후룸라이드

0281
exciting
[iksáitiŋ] 신나는

0282
roller coaster
[róulər kòustər] 롤러코스터

0283
flume ride
[flu:m raid] 후룸라이드, 물미끄럼틀 타기

0284
ride
[raid] 타다

☆초등필수☆
0285
fun
[fʌn] 재미/ 재미있는

0286

amusement park

[əmjúːzmənt paːrk] 놀이공원

0287

amuse

[əmjúːz] 즐겁게 하다

0288

giant stride

[dʒáiənt straid] 회전그네

0289

giant

[dʒáiənt] 거대한/ 거인

0290

swing

[swiŋ] 그네

0291

attraction

[ətrǽkʃən] 놀이기구

I'm a **clown**!
난 어릿광대야!

crowd
많은 사람들

balloon
풍선

0292
clown
clown   c   c

[klaun] 어릿광대

0293
crowd
crowd   c   c

[kraud] 군중(많은 사람들)

0294
balloon
balloon   b   b

[bəlúːn] 풍선

The Ferris **wheel** is very **big**!
대관람차는 매우 커!

merry-go-round
회전목마

0295
big
big   b   b

[big] 큰

0296

wheel

[hwi:l] 바퀴

0297

merry-go-round

[mérigouraund] 회전목마

entrance
입구

enter

I like **cotton candy**!
난 솜사탕을 좋아해!

0298

entrance

[éntrəns] 입구

☆초등필수☆

0299

enter

[éntər] 들어가다

0300

cotton candy

[kátn kǽndi] 솜사탕

DAY 15 Activity

STEP 1
ACTIVITY로 암기한 단어를 연습하세요.

STEP 2
ACTIVITY에서 틀린 단어를 복습하세요.

STEP 3
TEST를 통해 오늘 암기한 단어를 확인하세요.

 A. 다음 사진과 설명을 보고 연상되는 영어 단어나 우리말 뜻을 고르세요.

1.

entrance

ⓐ 입구   ⓑ 거대한

2.

It's very (   )!
이거 정말 신난다!

ⓐ exciting   ⓑ swing

3.

wow~
It's (   )!
재밌어!

ⓐ fun   ⓑ ride

4.

crowd

ⓐ 재미   ⓑ 군중

5.

놀이공원

ⓐ amusement park   ⓑ enter

6.

회전목마

ⓐ merry-go-round   ⓑ roller coaster

B. 우리말에 맞도록 주어진 알파벳으로 시작하는 단어를 써 보세요.

7. 이건 정말 **신나**.   It is very e_____.

8. 나는 **놀이공원**에 간다.   I go to the a_____ p_____.

9. 나는 **롤러코스터**를 탄다.   I ride a r_____ c_____.

10. 나는 **거대한** 그네를 탄다.   I ride a g_____ swing.

11. 대관람차는 매우 **크다**.   The Ferris wheel is very b_____.

12. 여기가 **입구**야.   This is the e_____.

13. **풍선**이 하나 있다.   There is a b_____.

C. 다음 우리말을 보고 알맞은 영어 단어의 철자를 써 보세요.

14. 재미, 재미있는 | f | | |

15. 타다 | | i | | e |

16. 즐겁게 하다 | | u | s | |

17. 놀이기구 | | t | r | | c | t | | n |

18. 어릿광대 | | o | w | |

19. 군중(많은 사람들) | | o | w | |

20. 들어가다 | e | | e | |

▶ 해답 54p

 A. 다음 우리말 뜻에 맞는 단어를 괄호 안에서 고르세요.

1. 한 공주가 살고 있었다. There lived a (princess / prince).

2. 나는 성에 살고 있다. I live in a (kingdom / castle).

3. 그는 젊다. He is (young / old).

4. 그녀는 늙었다. She is (young / old).

5. 나는 기차로 여행하고 싶다. I want to travel by (bus / train).

6. 나는 공항에 간다. I go to the (airport / station).

7. 이것은 양이다. This is a (sheep / goat).

8. 이것은 말이다. This is a (cow / horse).

9. 여기가 입구이다. This is the (wheel / entrance).

B. 아래 영어 단어의 우리말 뜻을 쓰세요.

10. ago ＿＿＿＿＿＿＿　　16. hate ＿＿＿＿＿＿＿

11. pretty ＿＿＿＿＿＿＿　　17. handsome ＿＿＿＿＿＿＿

12. ugly ＿＿＿＿＿＿＿　　18. airplane ＿＿＿＿＿＿＿

13. traffic ＿＿＿＿＿＿＿　　19. boat ＿＿＿＿＿＿＿

14. cow ＿＿＿＿＿＿＿　　20. grow ＿＿＿＿＿＿＿

15. fun ＿＿＿＿＿＿＿　　21. crowd ＿＿＿＿＿＿＿

총 40문제입니다.
(각 2.5점씩)

SCORE

GRADE

A	B	C
100~80	80~50	50~

C. 빈칸에 알맞은 단어를 찾아 줄로 연결하세요.

22. I have a _____.
나에게는 새어머니가 있어.   • exciting

23. I make a _____ apple.
나는 독사과를 만들어.   • short

24. He is _____.
그는 키가 작다.   • stepmother

25. She is _____.
그녀는 아름답다.   • farmer

26. I have to _____ this train.
나는 이 기차를 타야만 한다.   • poison

27. I am a _____.
나는 농부이다.   • take

28. It's very _____.
이건 정말 신난다.   • beautiful

D. 다음 우리말을 보고 알맞은 영어 단어를 써 보세요.

29. 만지다   t_____   35. 왕   k_____

30. 보다, 보이다   l_____   36. ~와 비슷한   l_____

31. 날다   f_____   37. 빠른   f_____

32. 느린   s_____   38. 들판   f_____

33. 심다   p_____   39. 먹이를 주다   f_____

34. 거대한   g_____   40. 풍선   b_____

| STEP 1 사진으로 단어/표현 학습하기 | STEP 2 음원을 듣고 영단어 따라 읽기 | STEP 3 손으로 줄에 맞춰 단어 쓰기 |

 NAME :　　　　　　　　　　DATE :　　.　　.　　.　　　　　GOAL : 필수 17 / 추가 3

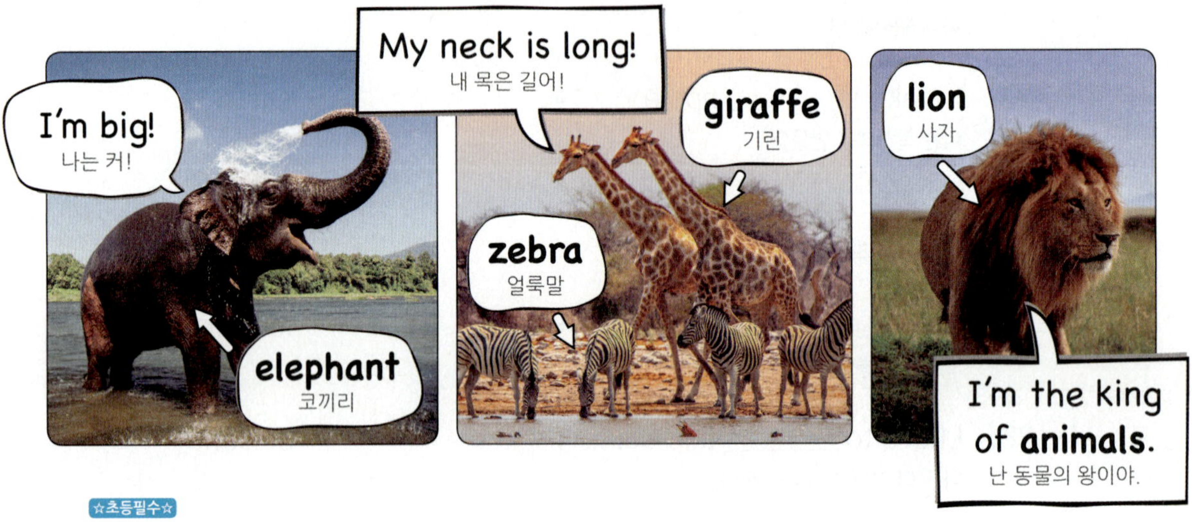

I'm big!
나는 커!

My neck is long!
내 목은 길어!

giraffe
기린

lion
사자

zebra
얼룩말

elephant
코끼리

I'm the king of **animals**.
난 동물의 왕이야.

☆초등필수☆
0301
elephant
elephant　　　e
[éləfənt] 코끼리

☆초등필수☆
0302
giraffe
giraffe　　　g
[dʒəráef] 기린

☆초등필수☆
0303
zebra
zebra　　z　　z
[zíːbrə] 얼룩말

☆초등필수☆
0304
lion
lion　　t　　t
[láiən] 사자

☆초등필수☆
0305
animal
animal　　a
[ǽnəməl] 동물

I'm a **fox.**
나는 여우야.

0306
wolf

wolf   w   w

[wulf] 늑대

0307
bear

bear   b   b

[bɛər] 곰

0308
tiger

tiger   t   t

[táigər] 호랑이

0309
cry

cry   c

[krai] 울다

I'm a polar **bear.**
나는 북극곰이야.

0310
fox

fox   f

[faks] 여우

bat
박쥐

whale
고래

0311 **bat**　　bat　　b　　b

[bæt] 박쥐

0312 **whale**　　whale　　w　　w

[weil] 고래

zoo
동물원

deer
사슴

dog
개

0313 **zoo**　　zoo　　z　　z

[zu:] 동물원

0314 **deer**　　deer　　d　　d

[diər] 사슴

☆초등필수☆
0315
dog
dog　　d　　d

[dɔːg] 개

☆초등필수☆
0316
zookeeper
zookeeper　　z

[zúːkìːpər] 사육사

☆초등필수☆
0317
dolphin
dolphin　　d　　d

[dálfin] 돌고래

0318
mouse
mouse　　m　　m

[maus] 쥐

0319
mice
mice　　m　　m

[mais] 쥐(mouse의 복수형)

☆초등필수☆
0320
small
small　　s　　s

[smɔːl] 작은

DAY 16 Activity

STEP 1
ACTIVITY로 암기한 단어를 연습하세요.

STEP 2
ACTIVITY에서 틀린 단어를 복습하세요.

STEP 3
TEST를 통해 오늘 암기한 단어를 확인하세요.

 다음 사진과 설명을 보고 연상되는 영어 단어나 우리말 뜻을 고르세요.

1.

코끼리

ⓐ elephant　　ⓑ giraffe

2.

I'm the king of ( )s.
난 동물의 왕이야.

ⓐ animal　　ⓑ tiger

3.

늑대

ⓐ wolf　　ⓑ tiger

4.

I'm a ( ).
나는 여우야.

ⓐ zebra　　ⓑ fox

5.

고래

ⓐ whale　　ⓑ deer

6.

I'm a ( )!
나는 사육사야!

ⓐ zoo　　ⓑ zookeeper

우리말에 맞도록 주어진 알파벳으로 시작하는 단어를 써 보세요.

7. 이건 **얼룩말**이야.　　　This is a z_____.

8. 이건 **기린**이야.　　　This is a g_____.

9. 이건 **사자**야.　　　This is a l_____.

10. 이건 **호랑이**야.　　　This is a t_____.

11. 이건 **곰**이야.　　　This is a b_____.

12. 이건 **박쥐**야.　　　This is a b_____.

13. 이건 **사슴**이야.　　　This is a d_____.

C. 다음 우리말을 보고 알맞은 영어 단어의 철자를 써 보세요.

14. 동물

a	n		m		

15. 코끼리

	l	e		a	n	

16. 늑대

w			f

17. 작은

s			l

18. 고래

		a		e

19. 동물원

z		

20. 쥐

			s	e

I can **jump** high.
나는 높이 뛰어오를 수 있어.

grasshopper

cricket

beetle

ant

0321
grasshopper
grasshopper　　g

[grǽshàpər] 메뚜기

☆초등필수☆
0322
jump
jump　　j　　j

[dʒʌmp] 뛰어오르다

0323
cricket
cricket　　c

[kríkit] 귀뚜라미

0324
beetle
beetle　　b

[bíːtl] 딱정벌레

☆초등필수☆
0325
ant
ant　　a

[ænt] 개미

Insects have
six legs.
곤충은 다리가 6개야.

☆초등필수☆

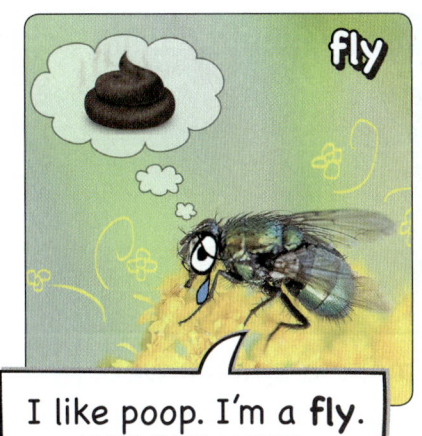

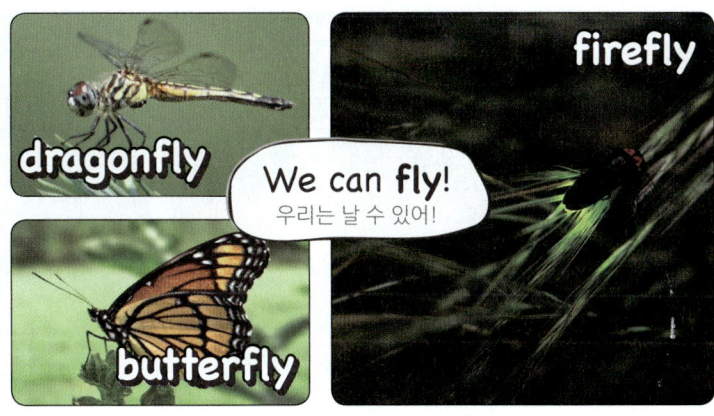

0326 **fly**

[flai] 파리 / 날다

0327 **dragonfly**

[drǽgənflài] 잠자리

☆초등필수☆

0328 **butterfly**

[bʌ́tərflài] 나비

0329 **firefly**

[faiərflài] 반딧불

0330 **insect**

[ínsekt] 곤충

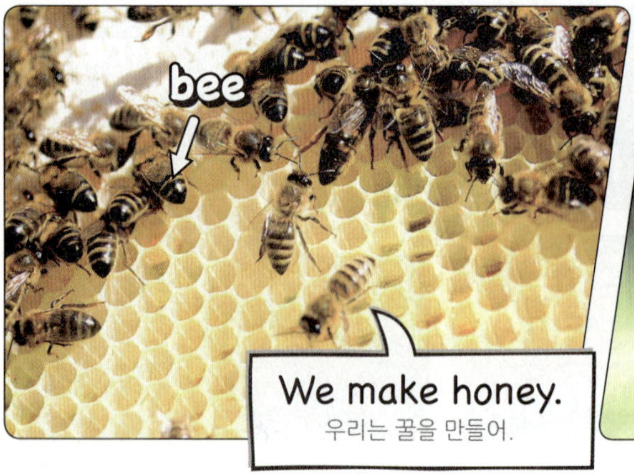
bee
We make honey.
우리는 꿀을 만들어.

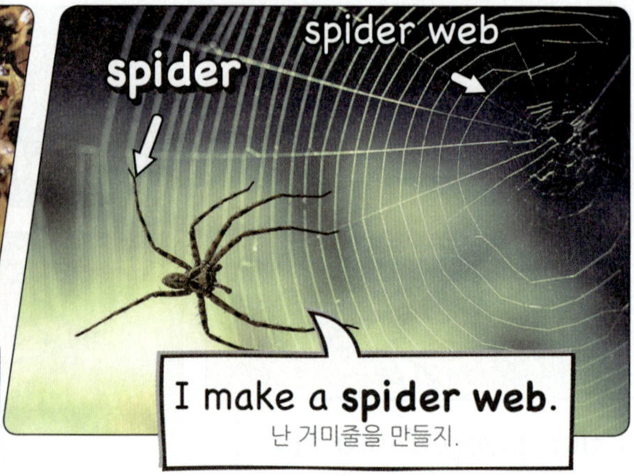
spider
spider web
I make a spider web.
난 거미줄을 만들지.

☆초등필수☆

0331 **bee** bee b b

[biː] 벌

☆초등필수☆

0332 **spider** spider s s

[spáidər] 거미

0333 **spider web** spider web s

[spáidər web] 거미줄

I live under the earth.
난 땅 속에서 살고 있어.
earthworm
지렁이

Where is a moth?
나방이 어디 있을까요?

0334 **earthworm** earthworm e

[ə́ːrθwə̀ːrm] 지렁이

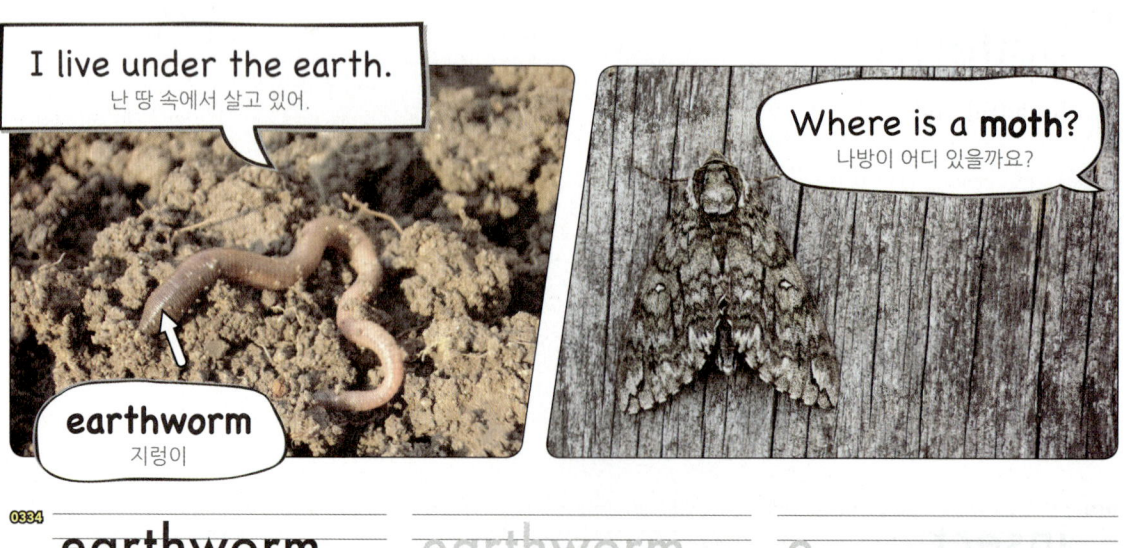

0335

moth

moth   m   m

[mɔːθ] 나방

The **cockroach** is **gross**.
바퀴벌레는 징그러워.

larva

I'm a **ladybug**.
난 무당벌레입니다.

0336

cockroach

cockroach   c

[kákròutʃ] 바퀴벌레

0337

gross

gross   g   g

[grous] 징그러운

0338

larva

larva   l   l

[láːrvə] 애벌레

0339

ladybug

ladybug

[léidibʌg] 무당벌레

A **bug** is a small creature.
벌레는 작은 생물이야.

☆초등필수☆

0340

bug

bug   b

[bʌg] 벌레

DAY 17 Activity

STEP 1
ACTIVITY로 암기한 단어를 연습하세요.

STEP 2
ACTIVITY에서 틀린 단어를 복습하세요.

STEP 3
TEST를 통해 오늘 암기한 단어를 확인하세요.

 A. 다음 사진과 설명을 보고 연상되는 영어 단어나 우리말 뜻을 고르세요.

1.

귀뚜라미

ⓐ cricket   ⓑ ant

2.

나비

ⓐ bee   ⓑ butterfly

3.

I make a (　　) web.
난 거미줄을 만들지.

ⓐ larva   ⓑ spider

4.

Where is a moth?
(　　　)이 어디 있을까요?

ⓐ 나방   ⓑ 벌

5.

The cockroach is gross.
(　　　)는 징그러워.

ⓐ 딱정벌레   ⓑ 바퀴벌레

6.

I'm a (　　　　).
난 무당벌레입니다.

ⓐ firefly   ⓑ ladybug

B. 우리말에 맞도록 주어진 알파벳으로 시작하는 단어를 써 보세요.

7.   이건 **메뚜기**야.   This is a g_____.

8.   이건 **나비**야.   This is a b_____.

9.   이건 **벌**이야.   This is a b_____.

10. 이건 **잠자리**야.   This is a d_____.

11. 이건 **지렁이**야.   This is an e_____.

12. 이건 **무당벌레**야.   This is a l_____.

13. 이건 **바퀴벌레**야.   This is a c_____.

C. 다음 우리말을 보고 알맞은 영어 단어의 철자를 써 보세요.

14. 곤충

	s	e		t

15. 벌레

	u	

16. 반딧불

	r		l	y

17. 거미

s		i	d	

18. 개미

a		

19. 뛰어오르다

			p

20. 징그러운

		o	s	

STEP 1 사진으로 단어/표현 학습하기　　**STEP 2** 음원을 듣고 영단어 따라 읽기　　**STEP 3** 손으로 줄에 맞춰 단어 쓰기

NAME :　　　　　　DATE :　　.　　.　　.　　GOAL : 필수 6 / 추가 14

galaxy

Milky Way

It looks like a river.
강처럼 보이는군.

We go to the **universe**.
우리는 우주로 간다.

spaceship

0341
universe
universe　　u　　u
[júːnəvə̀ːrs] 우주

0342
spaceship
spaceship　　s　　s
[spéisʃip] 우주선

0343
space
space　　s　　s
[speis] 공간, 우주

0344
galaxy
galaxy　　g　　g
[gǽləksi] 은하계

0345
Milky Way
Milky Way　　M
[mílki wei] 은하수

We are **planets**. We move around **stars**.
우리는 행성들이야. 우리는 항성 주위를 돌아.

Jupiter

Earth

Saturn

Mercury

Mars

Venus

Sun

I'm a **star**.
난 항성이다.

Make a wish.
소원을 빌어봐.

shooting star

0346
planet
planet   p   p

[plǽnit] 행성

0347
star
star   s   s

[stɑːr] 별, 항성

0348
shooting star
shooting star   s

[ʃúːtiŋ stɑːr] 별똥별

0349
sun
sun   s   s

[sʌn] 태양

0350
Earth
Earth   E   E

[əːrθ] 지구

0351 **Jupiter** Jupiter J J

[dʒúːpitər] 목성

0352 **Saturn** Saturn S S

[sǽtərn] 토성

0353 **Mars** Mars M M

[maːrz] 화성

0354 **Venus** Venus V V

[víːnəs] 금성

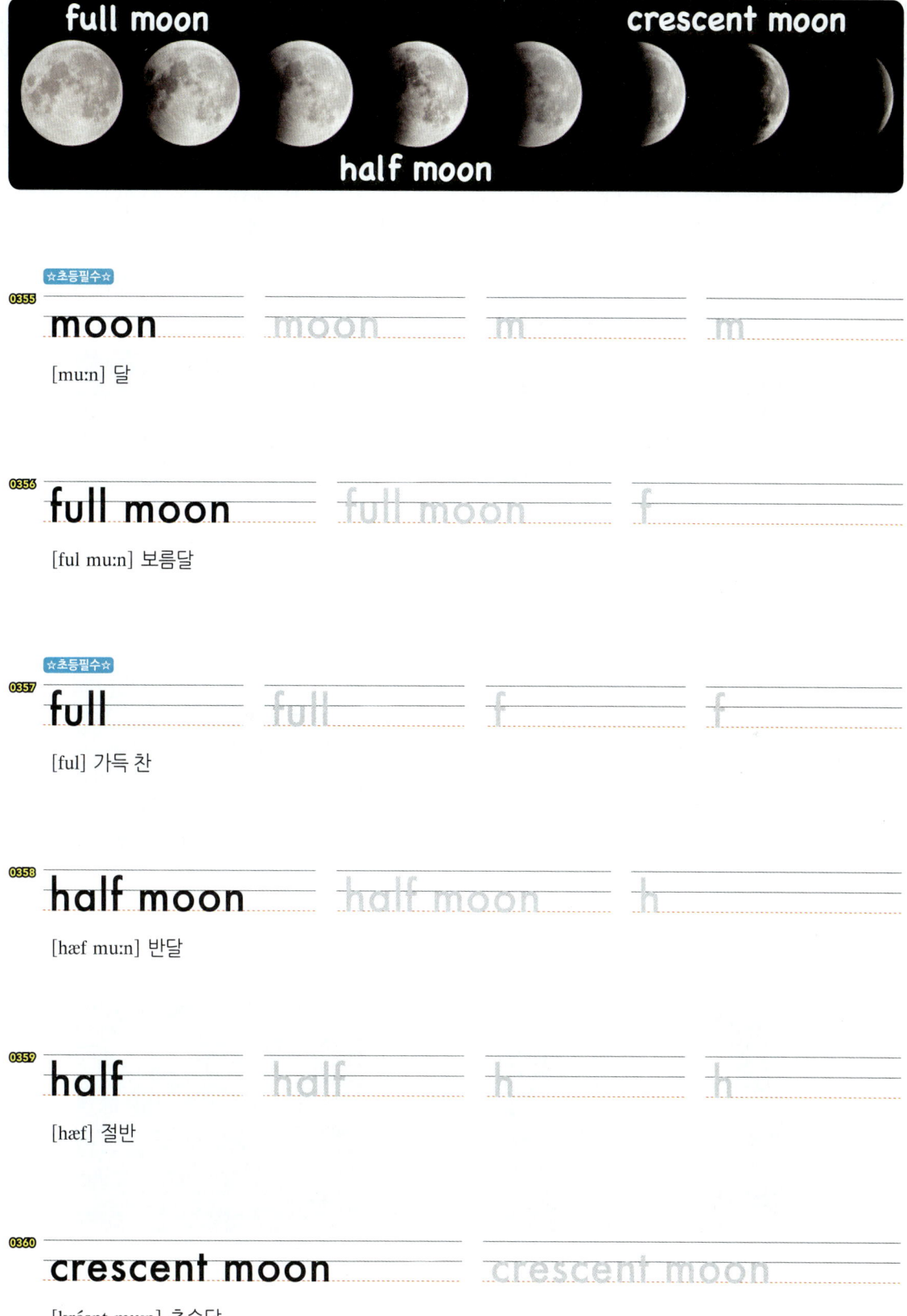

0355

moon

moon   m   m

[mu:n] 달

0356

full moon

full moon   f

[ful mu:n] 보름달

0357

full

full   f   f

[ful] 가득 찬

0358

half moon

half moon   h

[hæf mu:n] 반달

0359

half

half   h   h

[hæf] 절반

0360

crescent moon

crescent moon

[krésnt mu:n] 초승달

DAY 18 Activity

STEP 1
ACTIVITY로 암기한 단어를 연습하세요.

STEP 2
ACTIVITY에서 틀린 단어를 복습하세요.

STEP 3
TEST를 통해 오늘 암기한 단어를 확인하세요.

 A. 다음 사진과 설명을 보고 연상되는 영어 단어나 우리말 뜻을 고르세요.

1.

은하계

ⓐ planet ⓑ galaxy

2.

We go to the universe.
우리는 (   )로 간다.

ⓐ 우주 ⓑ 별

3.

I find water on Mars.
난 (   )에서 물을 찾는다.

ⓐ 지구 ⓑ 화성

4.

토성
I have many rings.
난 많은 고리를 가지고 있어.

ⓐ Saturn ⓑ Venus

5.

I'm a very hot (   ).
난 매우 더운 행성이야.

ⓐ planet ⓑ space

6.

초승달

ⓐ crescent moon ⓑ full moon

B. 우리말에 맞도록 주어진 알파벳으로 시작하는 단어를 써 보세요.

7. **해**가 뜬다.   The s _____ rises.

8. **달**이 뜬다.   The m _____ rises.

9. 우리는 **우주**로 간다.   We go to the u _____.

10. 저건 **은하수**야.   That is the M _____ W _____.

11. 저건 **별똥별**이야.   That is a s _____ s _____.

12. 저건 **금성**이야.   That is V _____.

13. 저건 **화성**이야.   That is M _____.

C. 다음 우리말을 보고 알맞은 영어 단어의 철자를 써 보세요.

14. 공간, 우주

s			c	e

15. 우주선

s			e	s		p

16. 은하계

	a		a	x

17. 지구

E			t	

18. 행성

	l		e	t

19. 별, 항성

	t		

20. 목성

		p		e	r

DAY 19 Chocolate is brown.

STEP 1 사진으로 단어/표현 학습하기 STEP 2 음원을 듣고 영단어 따라 읽기 STEP 3 손으로 줄에 맞춰 단어 쓰기

NAME :   DATE :   .   .   .   GOAL : 필수 13 / 추가 7

The sky is **sky blue.**
하늘은 하늘색이야.

yellow

Green grass!
초록색 잔디군!

green

blue

I'm a **blue** parrot.
나는 파란색 앵무새야.

☆초등필수☆

0361 **color**

[kʌlər] 색깔

color   c   c

☆초등필수☆

0362 **blue**

[blu:] 파란색

blue   b   b

0363 **sky blue**

[skai blu:] 하늘색

sky blue   s

☆초등필수☆

0364 **yellow**

[jélou] 노란색

yellow   y   y

☆초등필수☆

0365 **green**

[gri:n] 초록색

green   g   g

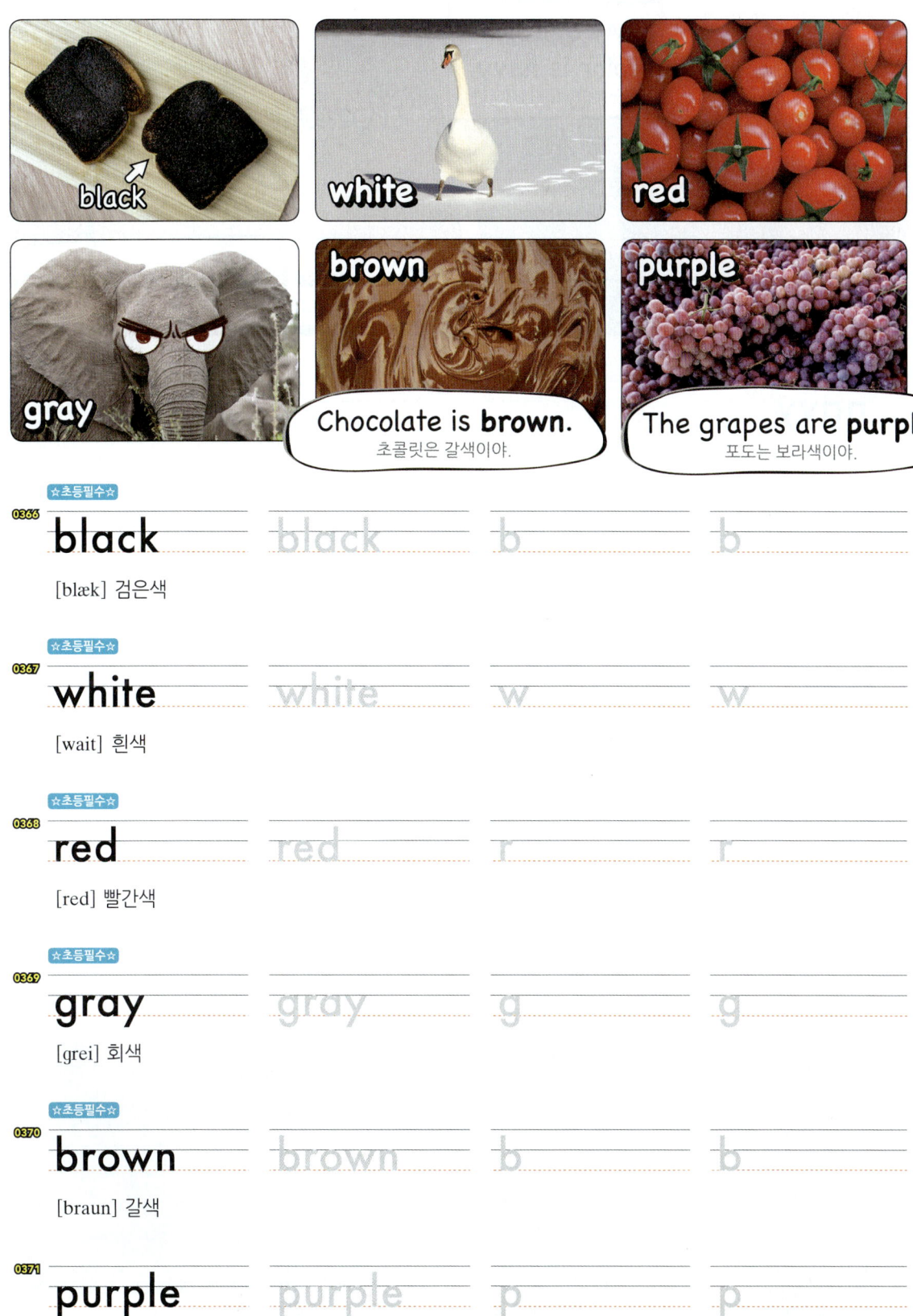

Chocolate is **brown.**
초콜릿은 갈색이야.

The grapes are **purple.**
포도는 보라색이야.

0366
black
[blæk] 검은색

0367
white
[wait] 흰색

0368
red
[red] 빨간색

0369
gray
[grei] 회색

0370
brown
[braun] 갈색

0371
purple
[pə́:rpl] 보라색

My uniform color is **navy**.
내 군복의 색은 남색이야.

navy

orange color

The **sunset** is **painted** in orange.
노을은 주황색으로 칠해져 있다.

0372

navy

navy n n

[néivi] 남색

☆초등필수☆

0373

orange

orange o o

[ɔ́:rindʒ] 주황색

☆초등필수☆

0374

paint

paint p p

[peint] 칠하다

0375

sunset

sunset s s

[sʌ́nset] 노을

gold

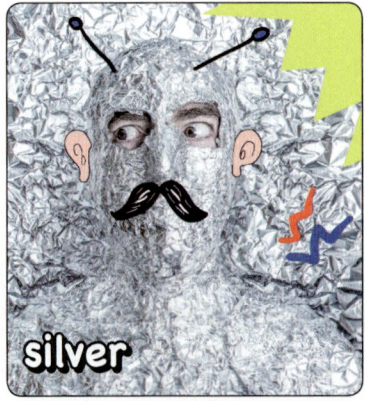

silver

pink

My hair is **pink**.
내 머리는 분홍색이야.

0376 ☆초등필수☆
gold
gold   g   g

[gould] 금색

0377
silver
silver   s   s

[sílvər] 은색

0378 ☆초등필수☆
pink
pink   p   p

[piŋk] 분홍색

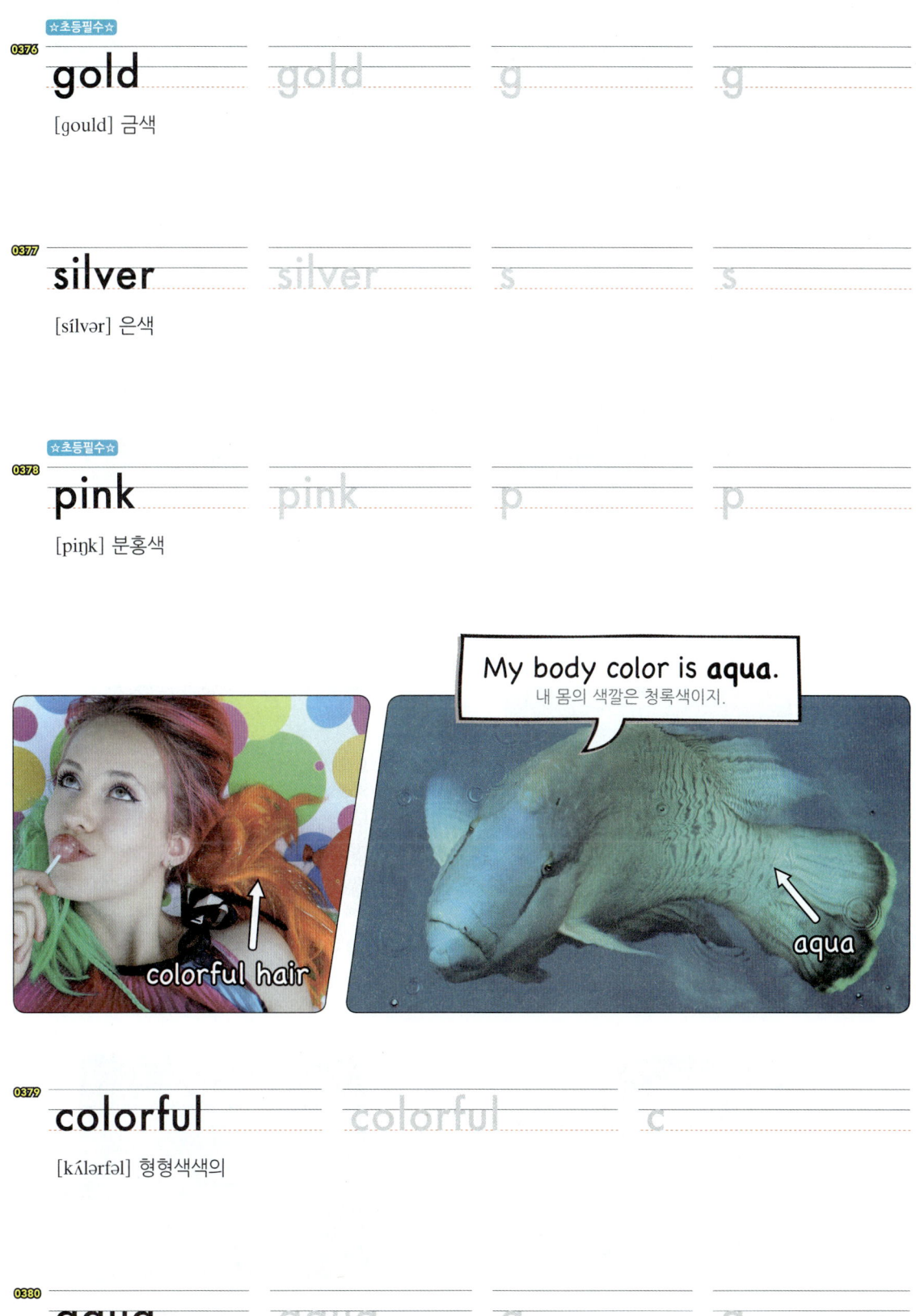

My body color is **aqua**.
내 몸의 색깔은 청록색이지.

colorful hair

aqua

0379
colorful
colorful   c

[kʌ́lərfəl] 형형색색의

0380
aqua
aqua   a   a

[ǽkwə] 청록색

DAY 19 Activity

STEP 1
ACTIVITY로 암기한 단어를 연습하세요.

STEP 2
ACTIVITY에서 틀린 단어를 복습하세요.

STEP 3
TEST를 통해 오늘 암기한 단어를 확인하세요.

 다음 사진과 설명을 보고 연상되는 영어 단어나 우리말 뜻을 고르세요.

1.

검은색

ⓐ gray   ⓑ black

2.

The grapes are purple.
포도는 (   )이야.

ⓐ 보라색   ⓑ 주황색

3.

I'm a (   ) parrot.
나는 파란색 앵무새야.

ⓐ yellow   ⓑ blue

4.

Chocolate is brown.
초콜릿은 (   )이야.

ⓐ 검은색   ⓑ 갈색

5.

형형색색의

ⓐ colorful   ⓑ aqua

6.

My hair is (   ).
내 머리는 분홍색이야.

ⓐ pink   ⓑ orange

B. 우리말에 맞도록 주어진 알파벳으로 시작하는 단어를 써 보세요.

7. 이건 **주황색**이야.   It is o_____.

8. 이건 **남색**이야.   It is n_____.

9. 이건 **금색**이야.   It is g_____.

10. 이건 **은색**이야.   It is s_____.

11. 이건 **빨간색**이야.   It is r_____.

12. 이건 **흰색**이야.   It is w_____.

13. 이건 **초록색**이야.   It is g_____.

C. 다음 우리말을 보고 알맞은 영어 단어의 철자를 써 보세요.

14. 색깔 | c | | | o | r |

15. 노란색 | | e | | | o | w |

16. 갈색 | b | | | | n |

17. 칠하다 | | a | | n | |

18. 노을 | | | n | s | | t |

19. 형형색색의 | c | | | o | | f | |

20. 보라색 | p | | | | l | e |

DAY 20 We love nature.

초2400_3_w20

STEP 1 사진으로 단어/표현 학습하기 〉 STEP 2 음원을 듣고 영단어 따라 읽기 〉 STEP 3 손으로 줄에 맞춰 단어 쓰기

NAME :　　　　DATE :　　.　　.　　.　　GOAL : 필수 15 / 추가 5

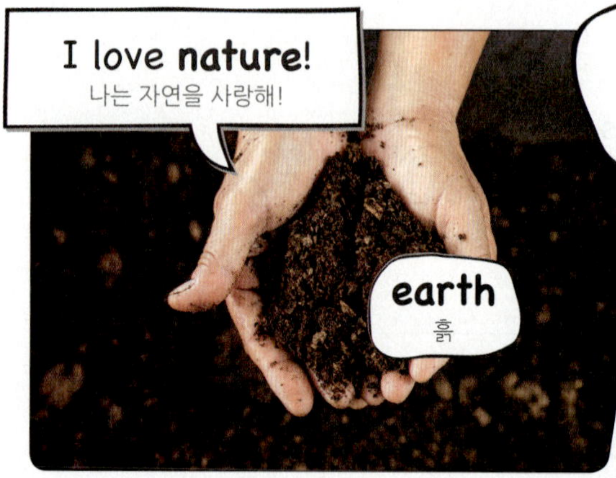
I love **nature**!
나는 자연을 사랑해!
earth
흙

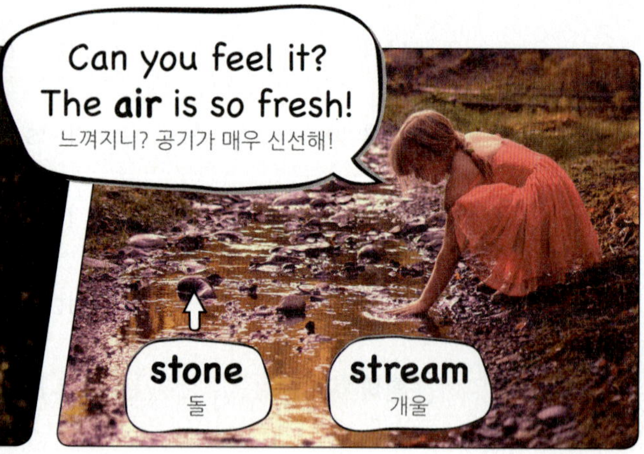
Can you feel it?
The **air** is so fresh!
느껴지니? 공기가 매우 신선해!
stone
돌
stream
개울

☆초등필수☆

0381 **nature** nature n n

[néitʃər] 자연

0382 **earth** earth e e

[əːrθ] 흙

☆초등필수☆

0383 **air** air a a

[εər] 공기

☆초등필수☆

0384 **stone** stone s

[stoun] 돌

0385 **stream** stream s

[striːm] 개울

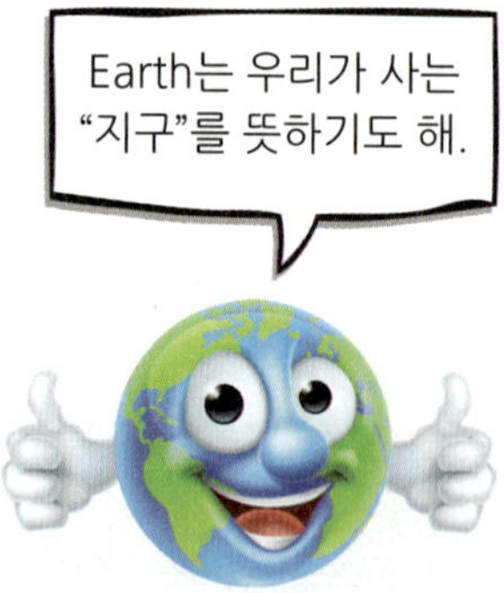
Earth는 우리가 사는
"지구"를 뜻하기도 해.

0386
lake
lake   l   l

[leik] 호수

0387
mountain
mountain   m

[máuntən] 산

0388
river
river   r   r

[rívər] 강

0389
hill
hill   h   h

[hil] 언덕

0390
rock
rock   r   r

[rak] 바위

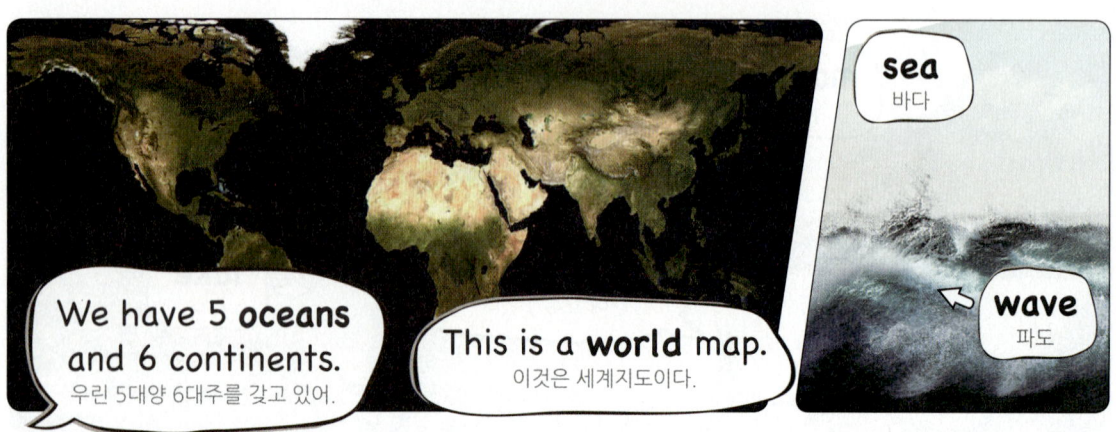

We have 5 **oceans** and 6 continents.
우린 5대양 6대주를 갖고 있어.

This is a **world** map.
이것은 세계지도이다.

sea
바다

← wave
파도

0391
ocean
ocean o

[óuʃən] 대양

☆초등필수☆
0392
world
world w

[wəːrld] 세계

☆초등필수☆
0393
sea
sea s s

[siː] 바다

0394
wave
wave w w

[weiv] 파도

cave
동굴

land
땅

forest
숲

0395

cave

[keiv] 동굴

0396

land

[lænd] 땅

0397

forest

[fɔ́:rist] 숲

The field is covered in **grass.**
들판은 잔디로 채워져 있어.

I love **flowers.**
난 꽃이 좋아.

0398

flower

[fláuər] 꽃

0399

sky

[skai] 하늘

0400

grass

[græs] 잔디

STEP 1
ACTIVITY로 암기한 단어를 연습하세요.

STEP 2
ACTIVITY에서 틀린 단어를 복습하세요.

STEP 3
TEST를 통해 오늘 암기한 단어를 확인하세요.

A. 다음 사진과 설명을 보고 연상되는 영어 단어나 우리말 뜻을 고르세요.

1.
earth

ⓐ 흙   ⓑ 공기

2.
개울

ⓐ stream   ⓑ ocean

3.
land

ⓐ 땅   ⓑ 자연

4.
숲

ⓐ forest   ⓑ hill

5.
바다

ⓐ cave   ⓑ sea

6.
I love ( )s.
난 꽃이 좋아.

ⓐ forest   ⓑ flower

우리말에 맞도록 주어진 알파벳으로 시작하는 단어를 써 보세요.

7. 나는 **산**에 가고 싶어.   I want to go to the m_____.

8. 나는 **바다**에 가고 싶어.   I want to go to the s_____.

9. 나는 **숲**에 가고 싶어.   I want to go to the f_____.

10. 나는 **개울**에 가고 싶어.   I want to go to the s_____.

11. 나는 **호수**에 가고 싶어.   I want to go to the l_____.

12. 나는 **언덕**에 가고 싶어.   I want to go to the h_____.

13. 나는 **자연**을 사랑해.   I love n_____.

C. 다음 우리말을 보고 알맞은 영어 단어의 철자를 써 보세요.

14. 공기 | a | | |

15. 돌 | | | o | n | |

16. 흙 | | a | r | | |

17. 강 | r | | v | | |

18. 바위 | | o | | k |

19. 파도 | w | | | |

20. 잔디 | | | a | s | |

A. 다음 우리말 뜻에 맞는 단어를 괄호 안에서 고르세요.

1. 이건 사자야. This is a (lion / bear).

2. 나는 거미줄을 만들지. I make a (spider / fly) web.

3. 개미는 작다. (Ants / Spiders) are small.

4. 나는 곤충을 싫어해. I hate (bees / insects).

5. 그들은 우주로 간다. They go to the (planet / universe).

6. 나는 은하수를 보고 싶어. I want to see the (Milky Way / shooting star).

7. 너는 무슨 색을 좋아하니? What (color / food) do you like?

8. 나는 파란색을 좋아해. I like (purple / blue).

9. 산은 초록색이다. The (mountain / stream) is green.

B. 아래 영어 단어의 우리말 뜻을 쓰세요.

10. animal _____

11. mouse _____

12. zoo _____

13. bee _____

14. butterfly _____

15. grasshopper _____

16. sun _____

17. planet _____

18. Jupiter _____

19. yellow _____

20. stone _____

21. wave _____

총 40문제입니다.
(각 2.5점씩)

SCORE

GRADE

A	B	C
100~80	80~50	50~

C. 빈칸에 알맞은 단어를 찾아 줄로 연결하세요.

22. I am a _____.
나는 사육사야.

•   • black

23. I am a _____.
나는 여우야.

•   • river

24. I hate _____.
나는 거미를 싫어한다.

•   • zookeeper

25. Earth is a _____.
지구는 행성이다.

•   • brown

26. She has _____ hair.
그녀의 머리는 검은색이다.

•   • spiders

27. He has _____ hair.
그의 머리는 갈색이다.

•   • fox

28. I want to go to the _____. •
나는 강에 가고 싶다.

•   • planet

D. 다음 우리말을 보고 알맞은 영어 단어를 써 보세요.

29. 코끼리	e_____	35. 개	d_____
30. 고래	w_____	36. 바다	s_____
31. 나방	m_____	37. 칠하다	p_____
32. 무당벌레	l_____	38. 금색	g_____
33. 보름달	f_____	39. 개울	s_____
34. 별	s_____	40. 호수	l_____

STEP 1 사진으로 단어/표현 학습하기 | STEP 2 음원을 듣고 영단어 따라 읽기 | STEP 3 손으로 줄에 맞춰 단어 쓰기

NAME : | DATE : . . . | GOAL : 필수 13 / 추가 7

Soccer is a popular **sport**.
축구는 인기있는 운동경기야.

I am a goal keeper.
난 골키퍼야.

Shoot!

0401

sport

sport   s   s

[spɔːrt] 운동경기

☆초등필수☆

0402

soccer

soccer   s   s

[sákər] 축구

0403

goal keeper

goal keeper   g

[goul kíːpər] 골키퍼

☆초등필수☆

0404

keep

keep   k   k

[kiːp] 지키다

☆초등필수☆

0405

shoot

shoot   s   s

[ʃuːt] 슛하다

---

130 초등교과서 영단어 2400 초등 3학년

0406 ☆초등필수☆

kick
kick   k   k

[kik] (발로) 차다

0407 ☆초등필수☆

pass
pass   p   p

[pæs] 건네주다

0408

dribble
dribble   d   d

[dríbl] 공을 몰고 가다

0409 ☆초등필수☆

basketball
basketball   b

[bǽskitbɔ̀:l] 농구

You can't **hit** this ball!
넌 이 공을 치지 못해!

I can **hit** this ball!
난 이 공을 칠 수 있어!

pitch

hit

pitcher
투수

catcher
포수

batter
타자

☆초등필수☆

0410
baseball

baseball

b

[béisbɔ̀ːl] 야구

0411
pitcher

pitcher

p

[pítʃər] 투수

0412
pitch

pitch

p

p

[pitʃ] 힘껏 던지다

0413
batter

batter

b

[bǽtər] 타자

"batter"대신 "hitter"라고
해도 똑같이 "타자"야.

☆초등필수☆

0414
bat

bat

b

[bæt] 방망이

☆초등필수☆

0415
hit

hit

h

[hit] 치다

0416

catcher

catcher   c   c

[kǽtʃər] 포수

0417

catch

catch   c   c

[kætʃ] 잡다

ball

throw 던지다

football 미식축구

0418

ball

ball   b   b

[bɔːl] 공

0419

throw

throw   t   t

[θrou] 던지다

0420

football

football   f

[fútbɔ̀ːl] 미식축구

DAY 21 Activity

STEP 1
ACTIVITY로 암기한 단어를 연습하세요.

STEP 2
ACTIVITY에서 틀린 단어를 복습하세요.

STEP 3
TEST를 통해 오늘 암기한 단어를 확인하세요.

 다음 사진과 설명을 보고 연상되는 영어 단어나 우리말 뜻을 고르세요.

1.

ⓐ sport ⓑ baseball

2.

ⓐ kick ⓑ catch

3.

ⓐ dribble ⓑ shoot

4.

ⓐ 포수 ⓑ 투수

5.

ⓐ catcher ⓑ batter

6.

ⓐ 미식축구 ⓑ 야구

134 초등교과서 영단어 2400 초등 3학년

우리말에 맞도록 주어진 알파벳으로 시작하는 단어를 써 보세요.

7. 나는 **축구**를 좋아해.   I like s_____.

8. 나는 **농구**를 좋아해.   I like b_____.

9. 나는 **야구**를 좋아해.   I like b_____.

10. 그는 **포수**야.   He is a c_____.

11. 그는 **타자**야.   He is a b_____.

12. 그녀는 **투수**야.   She is a p_____.

13. 그녀는 **골키퍼**야.   She is a g_____ k_____.

다음 우리말을 보고 알맞은 영어 단어의 철자를 써 보세요.

14. 공   [ ] [a] [ ] [ ]

15. 지키다   [ ] [e] [ ] [ ]

16. (발로) 차다   [k] [i] [ ] [ ]

17. 건네주다   [ ] [a] [ ]

18. 치다   [h] [ ] [ ]

19. 잡다   [c] [a] [ ] [ ]

20. 던지다   [ ] [ ] [r] [o] [ ]

STEP 1 사진으로 단어/표현 학습하기	STEP 2 음원을 듣고 영단어 따라 읽기	STEP 3 손으로 줄에 맞춰 단어 쓰기

NAME :　　　　　　　DATE :　　.　　.　　.　　　　GOAL : 필수 18 / 추가 2

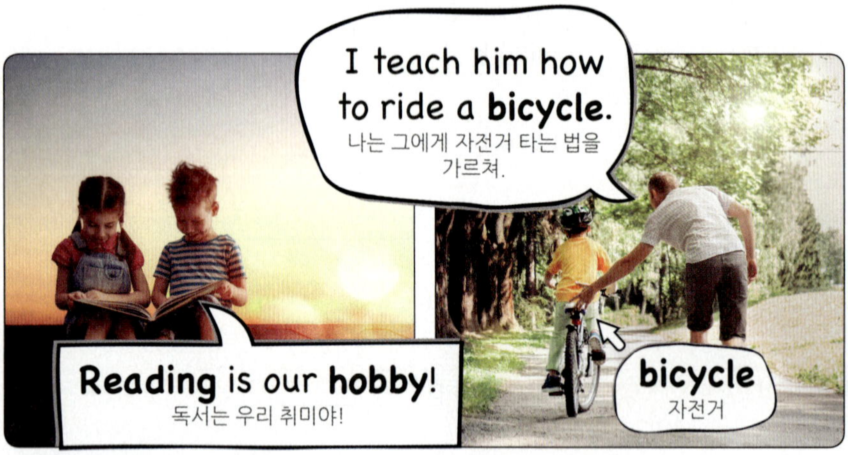

> I teach him how to ride a **bicycle**.
> 나는 그에게 자전거 타는 법을 가르쳐.

Reading is our **hobby**!
독서는 우리 취미야!

bicycle
자전거

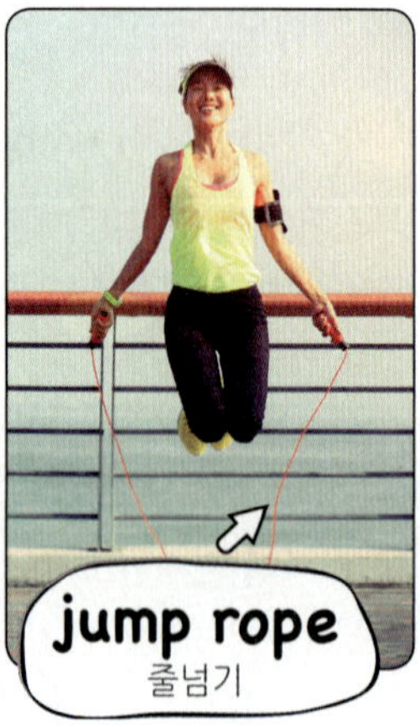

jump rope
줄넘기

☆초등필수☆
0421
reading　　　reading　　　r
[ríːdiŋ] 독서

☆초등필수☆
0422
hobby　　hobby　　h　　h
[hábi] 취미

☆초등필수☆
0423
toy　　toy　　t　　t
[tɔi] 장난감

☆초등필수☆
0424
bicycle　　bicycle　　b
[báisikl] 자전거

0425
jump rope　　jump rope　　j
[dʒʌmp roup] 줄넘기

We love **fishing**!
우린 낚시를 좋아해!

I'm a **cook**.
is my hobby!
난 요리사야.
요리는 내 취미야!

fish
물고기

picnic
소풍

☆초등필수☆
0426
cook

cook   c   c

[kuk] 요리사/ 요리하다

☆초등필수☆
0427
cooking

cooking   c

[kúkiŋ] 요리

☆초등필수☆
0428
fishing

fishing   f   f

[fíʃiŋ] 낚시

☆초등필수☆
0429
fish

fish   f   f

[fíʃ] 물고기/ 낚시를 하다

☆초등필수☆
0430
picnic

picnic   p   p

[píknik] 소풍

I can draw very well.
나는 (그림을) 아주 잘 그릴 수 있어.

face painting
얼굴에 그리는 그림

We enjoy shopping.
우린 쇼핑을 즐겨.

☆초등필수☆

0431 **draw** ~~draw~~ ~~d~~ ~~d~~

[drɔː] 그리다

☆초등필수☆

0432 **painting** ~~painting~~ ~~p~~

[péintiŋ] 그림

☆초등필수☆

0433 **enjoy** ~~enjoy~~ ~~e~~ ~~e~~

[indʒɔ́i] 즐기다

☆초등필수☆

0434 **shopping** ~~shopping~~ ~~s~~

[ʃápiŋ] 쇼핑

I take a picture.
난 사진을 찍어.

Cheese!

photograph
사진

picture
사진, 그림

0435

take a picture

take a picture

[teik ə píktʃər] 사진을 찍다

0436

picture

picture   p   p

[píktʃər] 사진, 그림

0437

photograph

photograph   p

[fóutəgræf] 사진

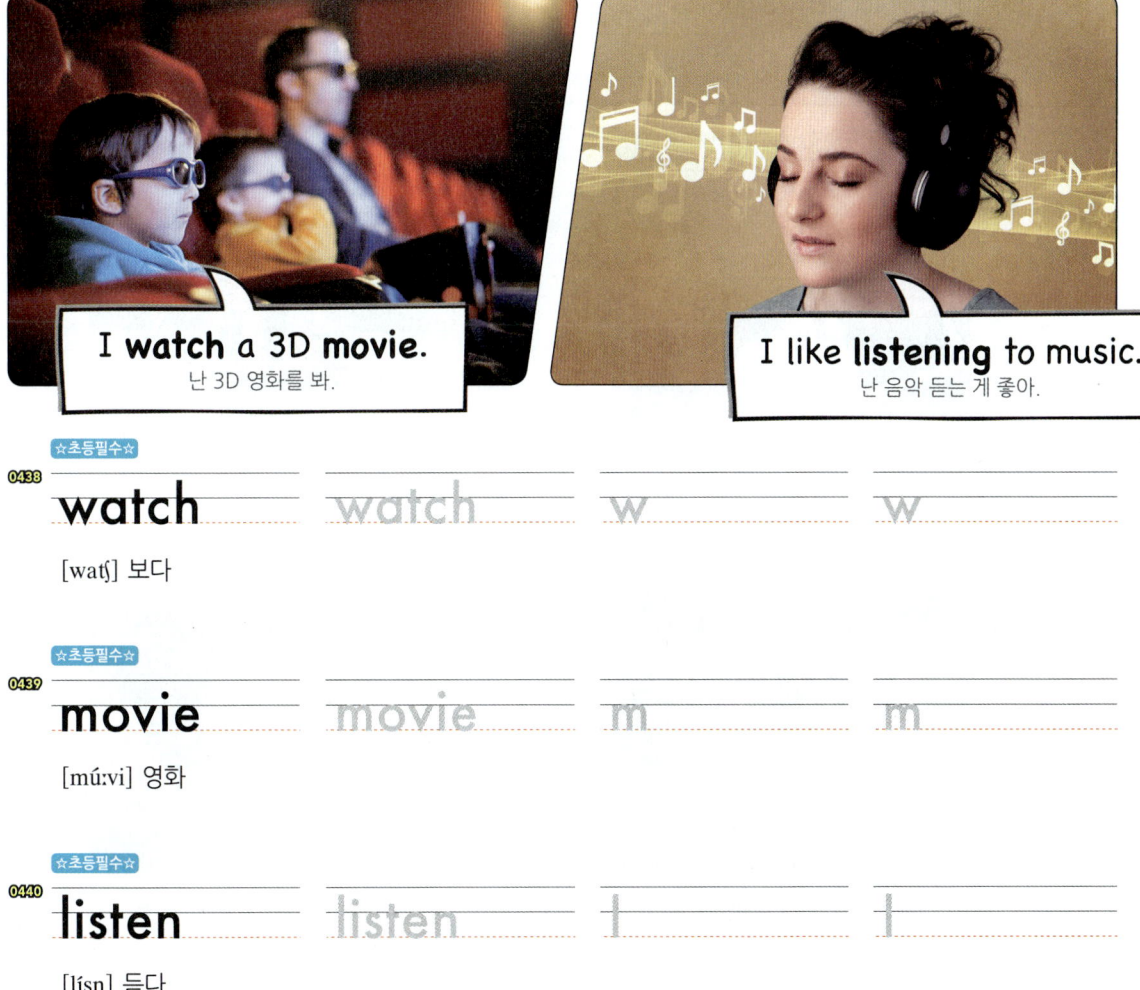

I **watch** a 3D **movie**.
난 3D 영화를 봐.

I like **listening** to music.
난 음악 듣는 게 좋아.

0438

watch

watch   w   w

[watʃ] 보다

0439

movie

movie   m   m

[múːvi] 영화

0440

listen

listen   l   l

[lísn] 듣다

DAY 22 Activity

STEP 1
ACTIVITY로 암기한 단어를 연습하세요.

STEP 2
ACTIVITY에서 틀린 단어를 복습하세요.

STEP 3
TEST를 통해 오늘 암기한 단어를 확인하세요.

 다음 사진과 설명을 보고 연상되는 영어 단어나 우리말 뜻을 고르세요.

1.

Reading is our (　　　)!
독서는 우리 취미야!

ⓐ picnic　　ⓑ hobby

2.

bicycle

ⓐ 자전거　　ⓑ 줄넘기

3.

사진, 그림

ⓐ movie　　ⓑ picture

4.

fish

ⓐ 물고기　　ⓑ 요리

5.

소풍

ⓐ painting　　ⓑ picnic

6.

I like (　　)ing
to music.
난 음악 듣는 게 좋아.

ⓐ listen　　ⓑ watch

B. 우리말에 맞도록 주어진 알파벳으로 시작하는 단어를 써 보세요.

7. 너의 **취미**는 뭐니? What is your h_____?

8. 나는 **독서**를 좋아해. I like r_____ing a book.

9. 나는 음악 **듣는 것**을 좋아해. I like l_____ing to music.

10. 나는 **자전거** 타는 것을 좋아해. I like riding a b_____.

11. 나는 **줄넘기**하는 것을 좋아해. I like doing j_____ r_____.

12. 나는 **낚시**를 좋아해. I like f_____ing.

13. 나는 (그림을) 잘 **그릴** 수 있어. I can d_____ well.

C. 다음 우리말을 보고 알맞은 영어 단어의 철자를 써 보세요.

14. 요리사/ 요리하다 | c | | o | |

15. 소풍 | p | | n | i | |

16. 그림 | p | | n | | i | n | |

17. 장난감 | t | | |

18. 즐기다 | | | j | o | |

19. 사진 | p | h | | | o | | | a | p | |

20. 영화 | m | | v | |

DAY 23 This is my body.

초2400_3_w23

This is my body!
이건 내 몸이다!

shoulders

arm →

← hand

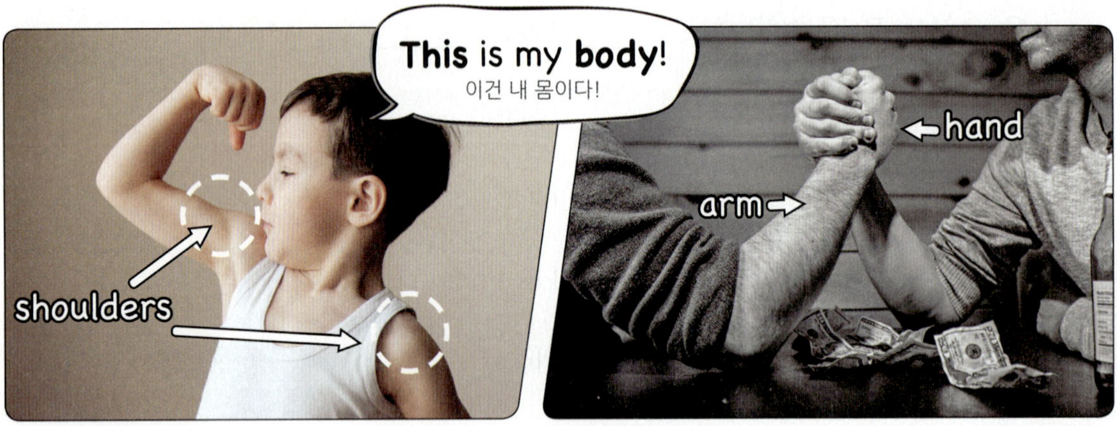

☆초등필수☆

0441 **this**

this   t   t

[ðis] 이것

☆초등필수☆

0442 **body**

body   b   b

[bádi] 몸

0443 **shoulder**

shoulder   s

[ʃóuldər] 어깨

☆초등필수☆

0444 **arm**

arm   a   a

[a:rm] 팔

☆초등필수☆

0445 **hand**

hand   h   h

[hænd] 손

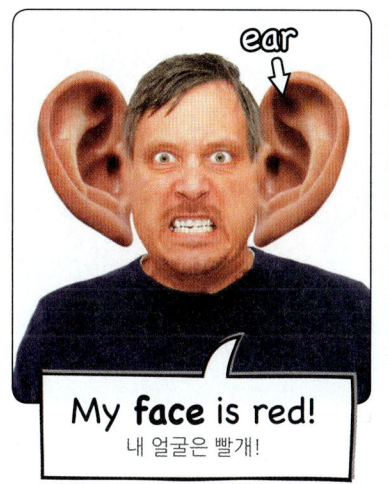

My **face** is red!
내 얼굴은 빨개!

My **eyes** are pretty.
내 눈은 예뻐.

☆초등필수☆

0446 **head**   head   h   h

[hed] 머리

☆초등필수☆

0447 **face**   face   f   f

[feis] 얼굴

☆초등필수☆

0448 **ear**   ear   e   e

[iər] 귀

☆초등필수☆

0449 **eye**   eye   e   e

[ai] 눈

☆초등필수☆

0450 **nose**   nose   n   n

[nouz] 코

☆초등필수☆

0451 **mouth**   mouth   m   m

[mauθ] 입

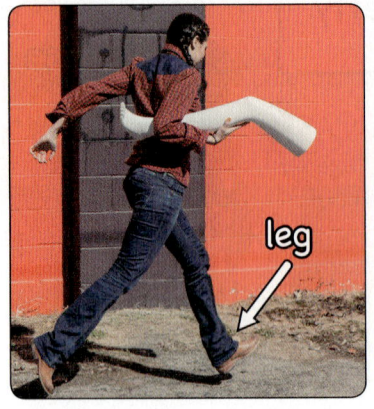  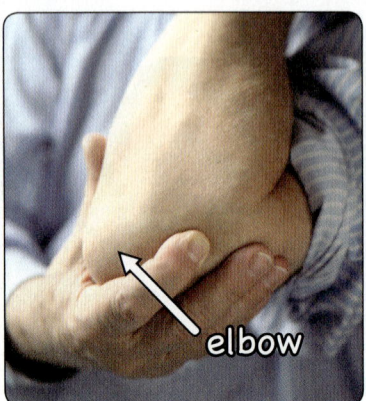

☆초등필수☆

0452 **leg**

[leg] 다리

☆초등필수☆

0453 **foot**

[fut] 발

0454 **elbow**

[élbou] 팔꿈치

This is my **hair**.
이건 내 머리카락이야.

☆초등필수☆

0455 **finger**

[fíŋgər] 손가락

☆초등필수☆

0456
hair

hair   h   h

[hɛər] 머리카락

☆초등필수☆

0457
neck

neck   n   n

[nek] 목

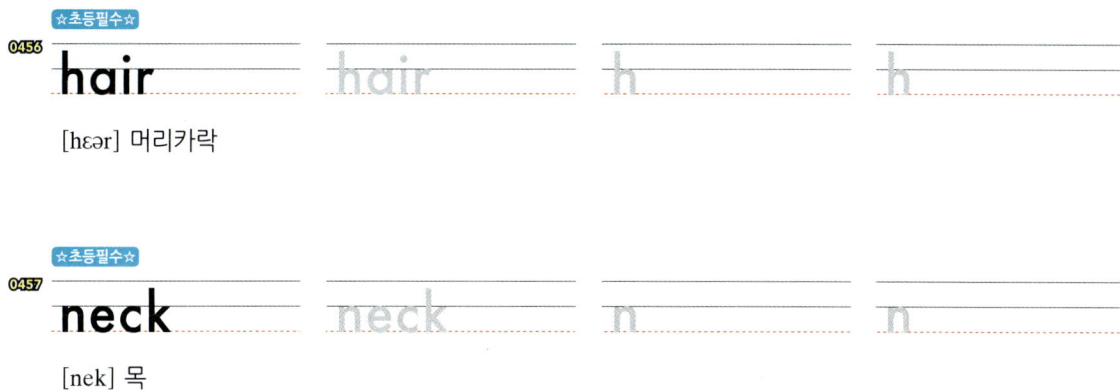

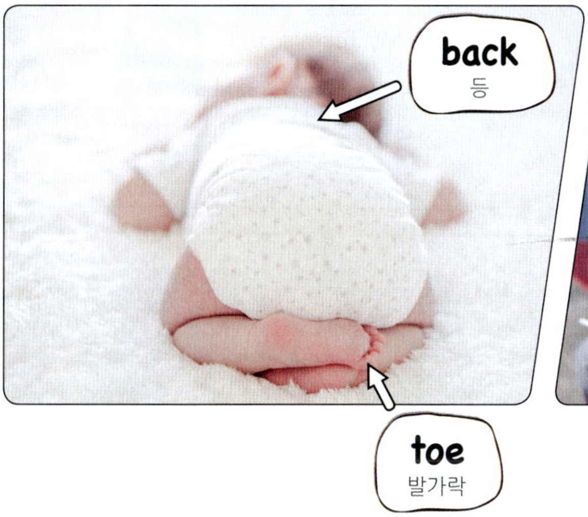

back 등

toe 발가락

heart

My **heart** hurts.
심장이 아파.

☆초등필수☆

0458
back

back   b   b

[bæk] 등

0459
toe

toe   t   t

[tou] 발가락

☆초등필수☆

0460
heart

heart   h   h

[haːrt] 심장

DAY 23 Activity

STEP 1 ACTIVITY로 암기한 단어를 연습하세요.

STEP 2 ACTIVITY에서 틀린 단어를 복습하세요.

STEP 3 TEST를 통해 오늘 암기한 단어를 확인하세요.

 다음 사진과 설명을 보고 연상되는 영어 단어나 우리말 뜻을 고르세요.

1.

This is my (　　)!
이건 내 몸이다!

ⓐ leg　　　ⓑ body

2.

My face is red!
내 (　　)은 빨개!

ⓐ 얼굴　　　ⓑ 귀

3.

입

ⓐ mouth　　　ⓑ arm

4.
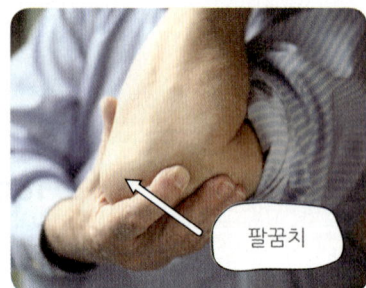

팔꿈치

ⓐ elbow　　　ⓑ neck

5.
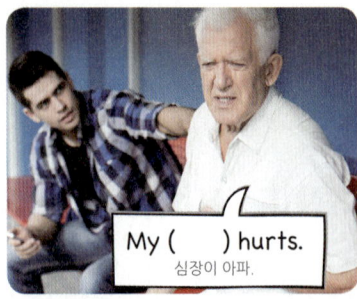

My (　　) hurts.
심장이 아파.

ⓐ leg　　　ⓑ heart

6.

손가락

ⓐ foot　　　ⓑ finger

B. 우리말에 맞도록 주어진 알파벳으로 시작하는 단어를 써 보세요.

7. 이건 내 **얼굴**이야.   This is my f_____.

8. 이건 내 **머리카락**이야.   This is my h_____.

9. 이건 내 **등**이야.   This is my b_____.

10. 이건 내 **팔**이야.   This is my a_____.

11. 이건 내 **다리**야.   This is my l_____.

12. 이건 내 **손가락**이야.   This is my f_____.

13. 이건 내 **어깨**야.   This is my s_____.

C. 다음 우리말을 보고 알맞은 영어 단어의 철자를 써 보세요.

14. 몸 | | o | d | |

15. 손 | h | | n | |

16. 머리 | | e | | d |

17. 귀 | | | r |

18. 눈 | e | | |

19. 코 | n | | | |

20. 입 | m | | | t | |

STEP 1 사진으로 단어/표현 학습하기	STEP 2 음원을 듣고 영단어 따라 읽기	STEP 3 손으로 줄에 맞춰 단어 쓰기

NAME :   DATE :   .   .   .   GOAL : 필수 16 / 추가 4

> How is the **weather**?
> 날씨 어때?

> The **weather** is clear and sunny!
> 날씨가 맑고 화창해!

> It's **rainy** and **windy**.
> 비 오고 바람이 많이 불어.

☆초등필수☆
0461
weather
weather   w

[wéðər] 날씨

☆초등필수☆
0462
clear
clear   c

[kliər] 맑은

> 명사에 "y"를 붙이면 형용사가 되는 단어가 많아요.
> sun + y = sunny
> rain + y = rainy
> wind + y = windy

☆초등필수☆
0463
sunny
sunny   s

[sʌni] 화창한

☆초등필수☆
0464
rainy
rainy   r

[réini] 비가 많이 오는

☆초등필수☆
0465
windy
windy   w

[wíndi] 바람이 많이 부는

☆초등필수☆

0466
rainbow
rainbow   r

[réinbòu] 무지개

☆초등필수☆

0467
rain
rain   r   r

[rein] 비

☆초등필수☆

0468
cool
cool   c   c

[ku:l] 시원한

☆초등필수☆

0469
warm
warm   w   w

[wɔ:rm] 따뜻한

☆초등필수☆

0470
cloud
cloud   c   c

[klaud] 구름

foggy day
안개가 낀 날

fog
안개

I can't see anything because of the fog.
안개 때문에 아무것도 볼 수가 없어.

snow
눈

It's cold and snowy.
춥고 눈이 내려.

0471
foggy
foggy   f   f

[fɔ́:gi] 안개가 낀

0472
fog
fog   f   f

[fɔ:g] 안개

☆초등필수☆

0473
snow
snow   s   s

[snou] 눈

☆초등필수☆

0474
snowy
snowy   s   s

[snóui] 눈이 내리는

☆초등필수☆

0475
cold
cold   c   c

[kould] 추운

lightning
번개

dew
이슬

It's so hot!
너무 더워!

0476
lightning
lightning l

[láitniŋ] 번개

0477
dew
dew d d

[dju:] 이슬

0478
hot
hot h h

[hat] 더운

0479
wind
wind w w

[wind] 바람

0480
cloudy
cloudy c c

[kláudi] 흐린

DAY 24 Activity

STEP 1
ACTIVITY로 암기한 단어를 연습하세요.

STEP 2
ACTIVITY에서 틀린 단어를 복습하세요.

STEP 3
TEST를 통해 오늘 암기한 단어를 확인하세요.

 다음 사진과 설명을 보고 연상되는 영어 단어나 우리말 뜻을 고르세요.

1.

ⓐ 화창한   ⓑ 비가 오는

2.

ⓐ warm   ⓑ cool

3.

ⓐ cloud   ⓑ wind

4.

ⓐ 이슬   ⓑ 안개

5.

ⓐ hot   ⓑ cold

6.

ⓐ wind   ⓑ snow

B. 우리말에 맞도록 주어진 알파벳으로 시작하는 단어를 써 보세요.

7. **날씨**가 어때?　　　　　How is the w_____?

8. 하늘이 **맑고** 화창해.　　The sky is c_____ and sunny.

9. **비가 와**.　　　　　　　It's r_____.

10. **바람이 불어**.　　　　　It's w_____.

11. **날이 흐리네요**.　　　　It's c_____.

12. **따뜻해**.　　　　　　　It's w_____.

13. **안개가 꼈어**.　　　　　It's f_____.

C. 다음 우리말을 보고 알맞은 영어 단어의 철자를 써 보세요.

14. 무지개

	a	i		b		

15. 시원한

c			l

16. 번개

l		g				n	

17. 추운

c		d

18. 더운

		t	

19. 이슬

d		

20. 안개

f		

초2400_3_w25

NAME :   DATE :   .   .   .   GOAL : 필수 8 / 추가 12

Can you count numbers?
숫자 셀 수 있니?

How much is it?
얼마예요?

One...two...
하나...둘...

It's cheap!
싸다!

Seventy dollars.
70 달러요.

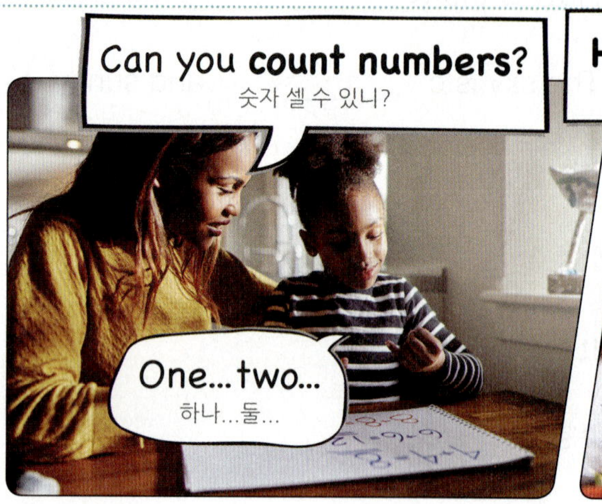

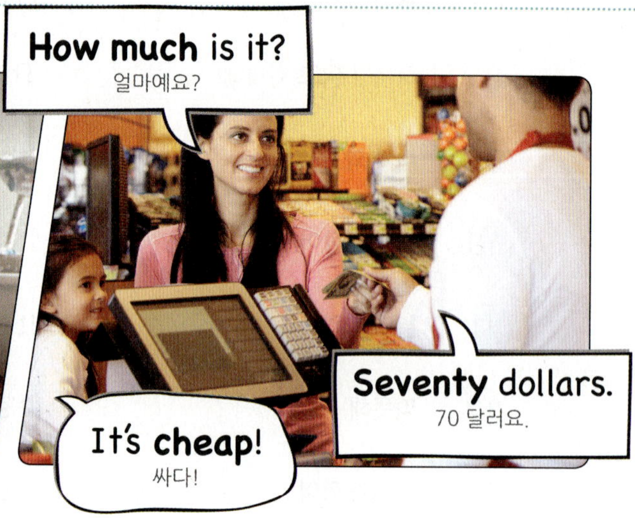

☆초등필수☆

0481 count

count   c   c

[kaunt] 세다

☆초등필수☆

0482 number

number   n   n

[nʌ́mbər] 숫자

☆초등필수☆

0483 how much

how much

countdown
초읽기

[hau mʌtʃ] 얼마

0484 seventy

seventy   s

[sévənti] 칠십

☆초등필수☆

0485 cheap

cheap   c

[tʃiːp] 싼

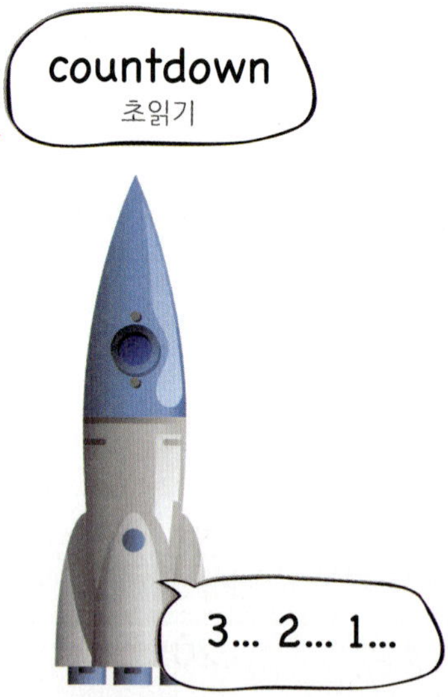

3... 2... 1...

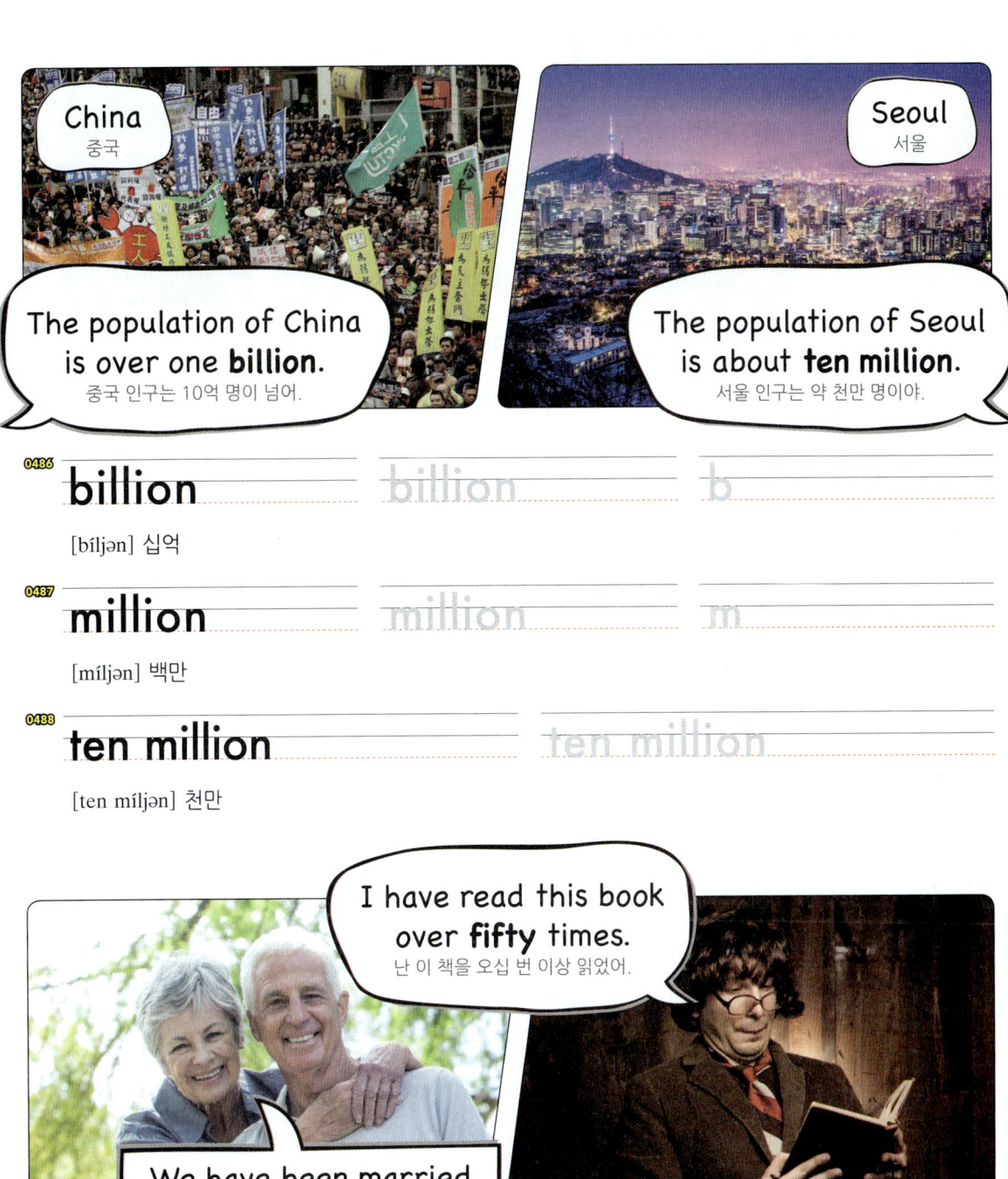

China 중국

The population of China is over one **billion**.
중국 인구는 10억 명이 넘어.

Seoul 서울

The population of Seoul is about **ten million**.
서울 인구는 약 천만 명이야.

0486 **billion** _billion_ _b_

[bíljən] 십억

0487 **million** _million_ _m_

[míljən] 백만

0488 **ten million** _ten million_

[ten míljən] 천만

I have read this book over **fifty** times.
난 이 책을 오십 번 이상 읽었어.

We have been married for **sixty** years.
우린 60년 간 결혼해 살고 있어.

0489 **sixty** _sixty_ _s_ _s_

[síksti] 육십

0490 **fifty** _fifty_ _f_ _f_

[fífti] 오십

We deliver **a hundred thousand** parcels a day.
우린 매일 10만 개의 소포를 배달해요.

ten thousand won
만 원

I'm over **forty** years old.
난 마흔이 넘었어.

0491
a hundred thousand
a hundred thousand

[ə hʌ́ndrəd θáuzənd] 십만

☆초등필수☆
0492
hundred
hundred   h

[hʌ́ndrəd] 백

0493
ten thousand
ten thousand

[ten θáuzənd] 만

☆초등필수☆
0494
thousand
thousand   t

[θáuzənd] 천

0495
forty
forty   f   f

[fɔ́ːrti] 사십

It's **eighty** dollars.
80 달러 입니다.

It's too **expensive**.
너무 비싸요.

thirty
삼십

0496

thirty
[θə́:rti] 삼십

0497

eighty
[éiti] 팔십

0498

expensive
[ikspénsiv] 비싼

I have driven this car for **ninety** years.
난 구십 년 동안 이 차를 운전하고 있어.

much money
많은 돈

0499

ninety
[náinti] 구십

0500

much
[mʌtʃ] 많은

STEP 1
ACTIVITY로 암기한 단어를 연습하세요.

STEP 2
ACTIVITY에서 틀린 단어를 복습하세요.

STEP 3
TEST를 통해 오늘 암기한 단어를 확인하세요.

 다음 사진과 설명을 보고 연상되는 영어 단어나 우리말 뜻을 고르세요.

1.

Can you ( ) numbers?
숫자 셀 수 있니?

ⓐ cheap   ⓑ count

2.

How much is it?

ⓐ 얼마예요?   ⓑ 몇 시예요?

3.

The population of China is over one ( ).
중국 인구는 10억 명이 넘어.

ⓐ thousand   ⓑ billion

4.

We have been married for sixty years.
우린 ( )년 간 결혼해 살고 있어.

ⓐ 60   ⓑ 70

5.

ten thousand won

ⓐ 천 원   ⓑ 만 원

6.

I have driven this car for ( ) years.
난 구십 년 동안 이 차를 운전하고 있어.

ⓐ eighty   ⓑ ninety

B. 우리말에 맞도록 주어진 알파벳으로 시작하는 단어를 써 보세요.

7. **칠십** 달러입니다.   It is s_____ dollars.

8. **팔십** 달러입니다.   It is e_____ dollars.

9. 난 **마흔**이 넘었어.   I'm over f_____ years old.

10. **삼십** 달러입니다.   It is t_____ dollars.

11. **만** 원   t____ t_____ won

12. 난 이 책을 **오십** 번 이상 읽었어.   I have read this book over f_____ times.

13. 너무 **비싸요**.   It's too e_____.

C. 다음 우리말을 보고 알맞은 영어 단어의 철자를 써 보세요.

14. 숫자 | n | | b | |

15. 싼 | | | e | a | |

16. 구십 | n | i | n | | |

17. 천 | | o | u | | a | | |

18. 십만 | a | | | u | | r | e | | t | h | | s | | d |

19. 백만 | | | l | l | i | | |

20. 천만 | | e | | | m | i | | | | | |

A. 다음 우리말 뜻에 맞는 단어를 괄호 안에서 고르세요.

1. 나는 축구를 좋아해.   I like (basketball / soccer).

2. 난 이 공을 칠 수 있어.   I can (hit / pitch) this ball.

3. 나는 낚시를 좋아해.   I like (fishing / cooking).

4. 내 눈은 예뻐.   My (eyes / hands) are pretty.

5. 심장이 아파.   My (heart / finger) hurts.

6. 날씨가 어때?   How is the (weather / windy)?

7. 비가 와.   It's (cloudy / rainy).

8. 얼마예요?   (How much / What) is it?

9. 너무 비싸요.   It's too (expensive / cheap).

B. 아래 영어 단어의 우리말 뜻을 쓰세요.

10.	baseball	_____	16.	listen	_____
11.	pitcher	_____	17.	watch	_____
12.	dribble	_____	18.	nose	_____
13.	fish	_____	19.	head	_____
14.	picnic	_____	20.	cool	_____
15.	draw	_____	21.	thirty	_____

총 40문제입니다.
(각 2.5점씩)

SCORE

GRADE

A	B	C
100~80	80~50	50~

C. 빈칸에 알맞은 단어를 찾아 줄로 연결하세요.

22. Soccer is a popular _____. •
    축구는 인기 있는 운동경기야.

23. I like _____. •
    나는 쇼핑을 좋아한다.

24. _____ is my hobby. •
    독서는 나의 취미야.

25. My _____ is red. •
    내 얼굴은 빨개.

26. It's so _____. •
    너무 더워.

27. It's _____. •
    추워.

28. I'm over _____ years old. •
    나는 마흔이 넘었어.

• hot

• shopping

• forty

• face

• sport

• cold

• Reading

D. 다음 우리말을 보고 알맞은 영어 단어를 써 보세요.

29. 치다   h_____

30. 던지다   t_____

31. 잡다   c_____

32. 요리사   c_____

33. 즐기다   e_____

34. 몸   b_____

35. 귀   e_____

36. 입   m_____

37. 안개   f_____

38. 시원한   c_____

39. 이슬   d_____

40. 천   t_____

STEP 1 사진으로 단어/표현 학습하기 **STEP 2** 음원을 듣고 영단어 따라 읽기 **STEP 3** 손으로 줄에 맞춰 단어 쓰기

NAME :   DATE :   .   .   .   GOAL : 필수 6 / 추가 14

We **travel abroad**!
우리는 해외로 여행을 한다!

We need **passports**.
우리는 여권이 필요해.

foreign country
외국

여권

☆초등필수☆

0501
travel
travel   t   t

[trǽvəl] 여행하다

0502
abroad
abroad   a   a

[əbrɔ́ːd] 해외로

0503
foreign
foreign   f   f

[fɔ́ːrən] 외국의

☆초등필수☆

0504
country
country   c   c

[kʌ́ntri] 나라

0505
passport
passport   p   p

[pǽspɔːrt] 여권

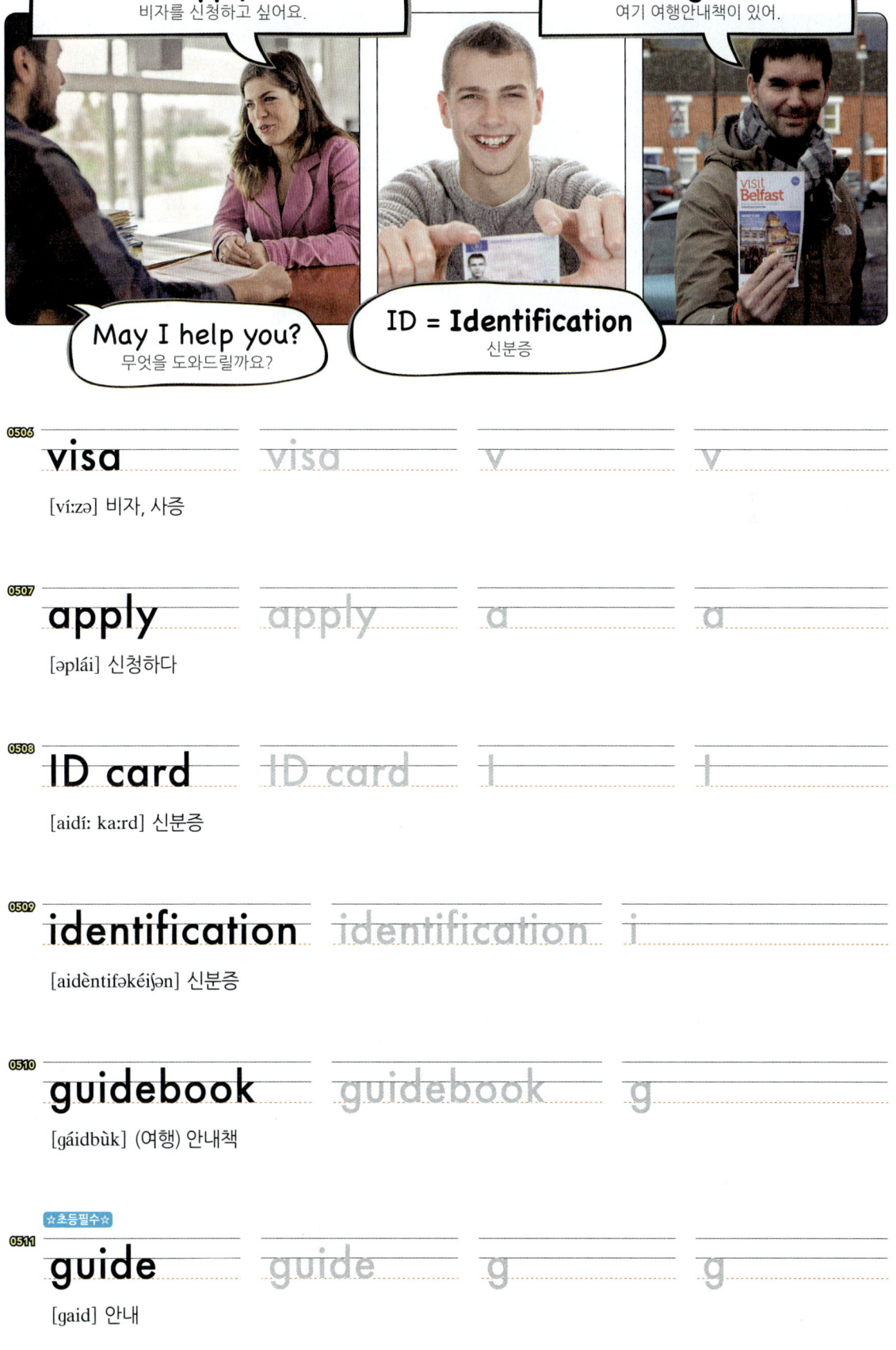

0506

visa

[víːzə] 비자, 사증

0507

apply

[əplái] 신청하다

0508

ID card

[aidíː kɑːrd] 신분증

0509

identification

[aidèntifəkéiʃən] 신분증

0510

guidebook

[gáidbùk] (여행) 안내책

☆초등필수☆

0511

guide

[gaid] 안내

I love **duty free** stores.
난 면세점을 사랑해.

0512
gate

gate   g   g

[geit] 탑승구

0513
duty free

duty free   d   d

[djúːti friː] 면세품

0514
duty

duty   d   d

[djúːti] 세금, 의무

I want to **check in.**
투숙 수속을 밟고 싶어요.

Welcome to our **hotel.**
저희 호텔에 오신 것을 환영합니다.

I need your **signature.**
당신의 서명이 필요합니다.

signature

0515
hotel

hotel   h   h

[houtél] 호텔

0516
bellboy
[bélbɔi] 벨보이

0517
check in
[tʃek in] 체크인(투숙 수속)하다

0518
signature
[sígnətʃər] 서명

Room service.
룸서비스입니다.

Thank you.
고마워요.

key
열쇠

0519
room service
[ruːm sə́ːrvis] 룸서비스

☆초등필수☆
0520
key
[kiː] 열쇠

DAY 26 Activity

STEP 1
ACTIVITY로 암기한 단어를 연습하세요.

STEP 2
ACTIVITY에서 틀린 단어를 복습하세요.

STEP 3
TEST를 통해 오늘 암기한 단어를 확인하세요.

 다음 사진과 설명을 보고 연상되는 영어 단어나 우리말 뜻을 고르세요.

1.

We travel abroad!
우리는 (   ) 여행을 한다!

ⓐ 호텔로   ⓑ 해외로

2.

PASSPORT

passport

ⓐ 여권   ⓑ 안내책

3.

I want to (   ) for a visa.
비자를 신청하고 싶어요.

ⓐ travel   ⓑ apply

4.

I love (   ) stores.
난 면세점을 사랑해.

ⓐ hotel   ⓑ duty free

5.

I want to (   ).
투숙 수속을 밟고 싶어요.

ⓐ check in   ⓑ room service

6.

서명

ⓐ signature   ⓑ guide

B. 우리말에 맞도록 주어진 알파벳으로 시작하는 단어를 써 보세요.

7. 비자를 **신청**하고 싶어요.　　I want to a＿＿＿＿＿＿ for a visa.

8. **투숙 수속**을 밟고 싶어요.　　I want to c＿＿＿＿＿ i＿＿.

9. 여기 **여행 안내책**이 있어.　　Here is a g＿＿＿＿＿.

10. 저희 **호텔**에 오신 것을 환영합니다.　Welcome to our h＿＿＿＿＿.

11. 당신의 **서명**이 필요합니다.　　I need your s＿＿＿＿＿.

12. **면세점**은 어디 있나요?　　Where is the d＿＿＿ f＿＿＿ store?

13. 당신의 **신분증**을 보여주십시오.　Show me your I＿＿ c＿＿＿＿.

C. 다음 우리말을 보고 알맞은 영어 단어의 철자를 써 보세요.

14. 여행하다

| t | | | v | e | |

15. 해외로

| a | | r | | | d |

16. 외국의

| | o | r | | | n |

17. 나라

| | o | | t | r | |

18. 안내

| g | | | d | e |

19. 탑승구

| | a | t | |

20. 세금, 의무

| d | | | y |

police officer
경찰관

I go **to** the post office.
나는 우체국에 가.

police station
경찰서

I'm working **at** the police station.
나는 경찰서에서 일하고 있어.

☆초등필수☆

0521
to
[tu] ~에

to 　 t 　 t

☆초등필수☆

0522
post office
[poust ɔ́(:)fis] 우체국

post office 　 p

☆초등필수☆

0523
police officer
[pəlíːs ɔ́ːfisər] 경찰관

police officer

☆초등필수☆

0524
at
[ət] ~에서

at 　 a 　 a

☆초등필수☆

0525
police station
[pəlíːs stéiʃən] 경찰서

police station

There are many houses **along** the **road**.
길을 따라 많은 집들이 있어.

town
마을

theater
극장

My **neighbor** has a party every night.
내 이웃은 매일 밤 파티를 해.

☆초등필수☆

0526
along
along a a

[əlɔ́ːŋ] ~을 따라

☆초등필수☆

0527
road
road r r

[roud] 길

☆초등필수☆

0528
town
town t t

[taun] 마을

☆초등필수☆

0529
theater
theater t t

[θíːətər] 극장

0530
neighbor
neighbor n n

[néibər] 이웃

cafe
카페

How much is it?
얼마예요?

market
시장

library
도서관

building
빌딩, 건물

park
공원

0531
cafe

[kæféi] 카페

0532
market

[máːrkit] 시장

0533
library

[láibrèri] 도서관

0534
park

[paːrk] 공원

0535
building

[bíldiŋ] 빌딩, 건물

0536
hospital

[háspitl] 병원

church
교회

bank
은행

Hurry up! The bus is coming!
서둘러! 버스가 오고 있어!

bus stop
버스 정류장

bakery
빵집

0537
church

[tʃəːrtʃ] 교회

0538
bus stop

[bʌs stap] 버스 정류장

0539
bank

[bæŋk] 은행

0540
bakery

[béikəri] 빵집

DAY 27 Activity

STEP 1
ACTIVITY로 암기한 단어를 연습하세요.

STEP 2
ACTIVITY에서 틀린 단어를 복습하세요.

STEP 3
TEST를 통해 오늘 암기한 단어를 확인하세요.

 A. 다음 사진과 설명을 보고 연상되는 영어 단어나 우리말 뜻을 고르세요.

1.

I go to the
(   ).
나는 우체국에 가.

ⓐ police officer   ⓑ post office

2.

police station

ⓐ 경찰서   ⓑ 교회

3.

There are many houses
(   ) the road.
길을 따라 많은 집들이 있어.

ⓐ along   ⓑ to

4.

theater

ⓐ 극장   ⓑ 시장

5.

도서관

ⓐ library   ⓑ market

6.

은행

ⓐ bank   ⓑ bus stop

B. 우리말에 맞도록 주어진 알파벳으로 시작하는 단어를 써 보세요.

7. 나는 **우체국**에 간다.   I go to the p_____ o_____.

8. 나는 **경찰서**에 간다.   I go to the p_____ s_____.

9. 나는 **극장**에 간다.   I go to the t_____.

10. 나는 **시장**에 간다.   I go to the m_____.

11. 나는 **공원**에 간다.   I go to the p_____.

12. 나는 **병원**에 간다.   I go to the h_____.

13. 나는 병원**에서** 일하고 있다.   I'm working a_____ the hospital.

C. 다음 우리말을 보고 알맞은 영어 단어의 철자를 써 보세요.

14. ~에 | t | |

15. ~를 따라 | | l | o | |

16. 마을 | t | o | |

17. 이웃 | n | e | | | b | o | |

18. 빌딩, 건물 | b | | | d | i | |

19. 교회 | c | | | c | h |

20. 은행 | | a | |

STEP 1 사진으로 단어/표현 학습하기   STEP 2 음원을 듣고 영단어 따라 읽기   STEP 3 손으로 줄에 맞춰 단어 쓰기

NAME :   DATE :   .   .   .   GOAL : 필수 8 / 추가 12

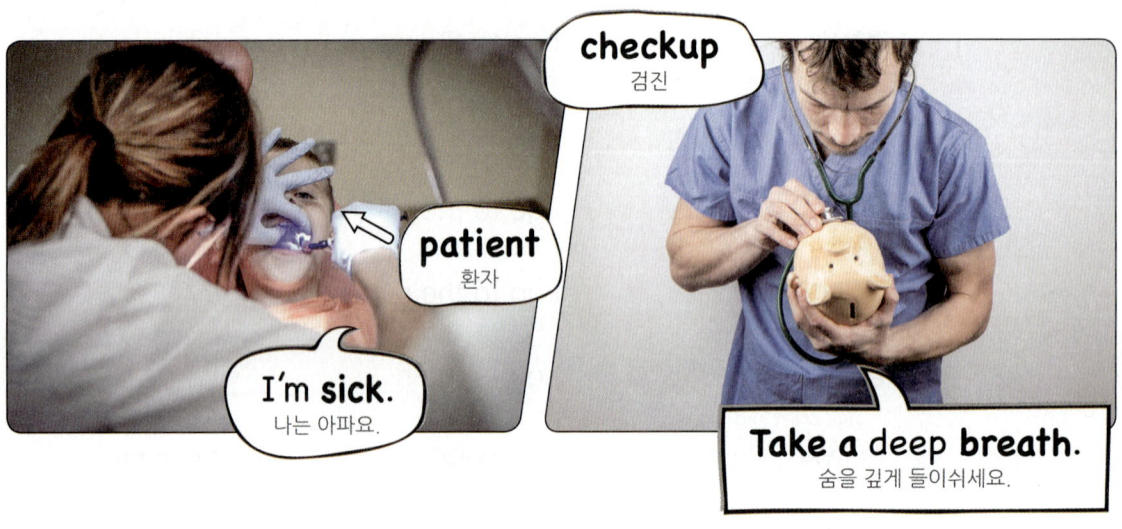

checkup
검진

patient
환자

I'm sick.
나는 아파요.

Take a deep breath.
숨을 깊게 들이쉬세요.

0541 **checkup**   checkup   c

[tʃékʌ̀p] 검진

☆초등필수☆

0542 **sick**   sick   s   s

[sik] 아픈

☆초등필수☆

0543 **patient**   patient   p   p

[péiʃənt] 환자

0544 **breath**   breath   b   b

[breθ] 숨

0545 **take a breath**   take a breath

[teik ə breθ] 숨을 쉬다

0546

cold

cold   c   c

[kould] 감기

0547

catch a cold

catch a cold

[kætʃ ə kould] 감기에 걸리다

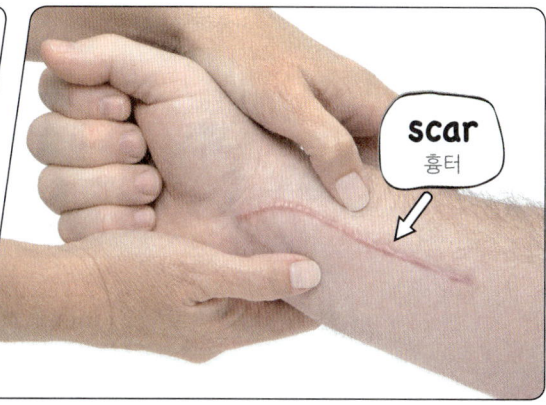

0548

runny nose

runny nose   r

[rʌni nouz] 콧물

0549

scar

scar   s   s

[skaːr] 흉터

I have a **stomachache**!
나는 배가 아파요!

stomach
배

blood ← bleed

injury
부상

Oh my god! He's **bleeding**!
세상에! 그가 피를 흘리고 있어!

☆초등필수☆

0550
stomachache
[stʌ́məkeik] 복통

0551
stomach
[stʌmək] 배

0552
bleed
[bliːd] 피 흘리다

☆초등필수☆

0553
blood
[blʌd] 피

☆초등필수☆

0554
hurt
[həːrt] 다치다

0555
injury
[índʒəri] 부상

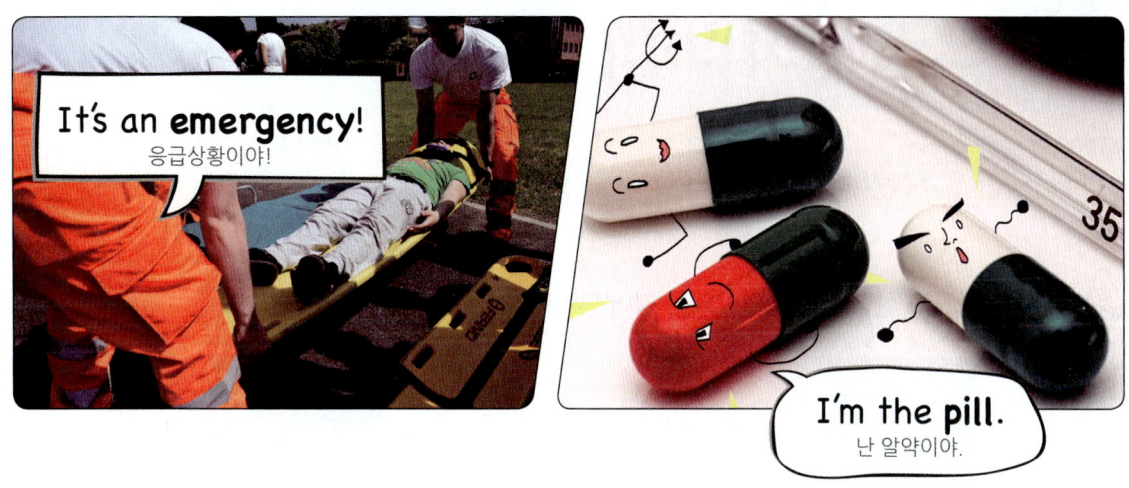

0556

emergency

emergency   e

[imə́:rdʒənsi] 응급상황

0557

cough

cough   c   c

[kɔ(ː)f] 기침

0558

pain

pain   p   p

[pein] 고통

☆초등필수☆

0559

medicine

medicine   m   m

[médəsin] 약

0560

pill

pill   p   p

[pil] 알약

DAY 28 Activity

STEP 1
ACTIVITY로 암기한 단어를 연습하세요.

STEP 2
ACTIVITY에서 틀린 단어를 복습하세요.

STEP 3
TEST를 통해 오늘 암기한 단어를 확인하세요.

 다음 사진과 설명을 보고 연상되는 영어 단어나 우리말 뜻을 고르세요.

1.
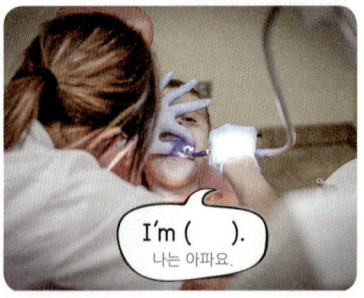

I'm (　　).
나는 아파요.

ⓐ sick　　ⓑ cold

2.

Take a deep (　　).
숨을 깊게 들이쉬세요.

ⓐ breath　　ⓑ cough

3.

runny nose

ⓐ 기침　　ⓑ 콧물

4.
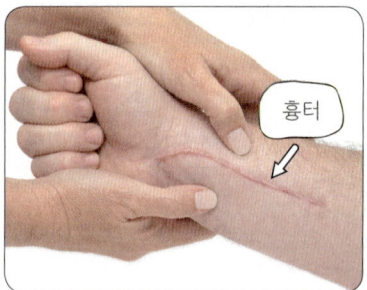

흉터

ⓐ scar　　ⓑ blood

5.

부상

ⓐ injury　　ⓑ cold

6.
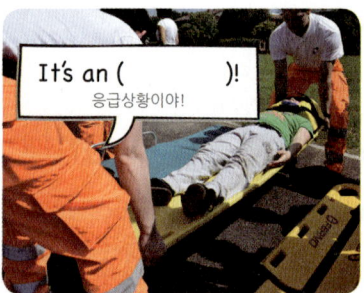

It's an (　　)!
응급상황이야!

ⓐ emergency　　ⓑ checkup

B. 우리말에 맞도록 주어진 알파벳으로 시작하는 단어를 써 보세요.

7. 나는 **알약**이야.   I'm the p_____.

8. 그 **환자**는 쉬어야 해.   The p_____ should take a rest.

9. 숨을 깊게 **들이쉬세요**.   T_____ a deep breath.

10. 나는 **감기**에 걸렸어.   I caught a c_____.

11. 나는 열이 있고 **콧물**이 나요.   I have a fever and a r_____ n_____.

12. 나는 **배가 아파요**.   I have a s_____.

13. 그는 **피를 흘리고 있어**.   He is b_____ing.

C. 다음 우리말을 보고 알맞은 영어 단어의 철자를 써 보세요.

14. 감기에 걸리다 | | | t | c | | | | | | | d |

15. 고통 | p | | | |

16. 아픈 | s | i | | |

17. 흉터 | | a | |

18. 기침 | c | o | | h |

19. 다치다 | h | u | | |

20. 피 | | o | d |

DAY 29 I'm wearing a shirt.

👤 NAME :   📅 DATE :   .   .   .   🏠 GOAL : 필수 18 / 추가 2

I'm wearing a **shirt**.
나는 셔츠를 입고 있어.

cap
모자

dress
드레스

pants
바지

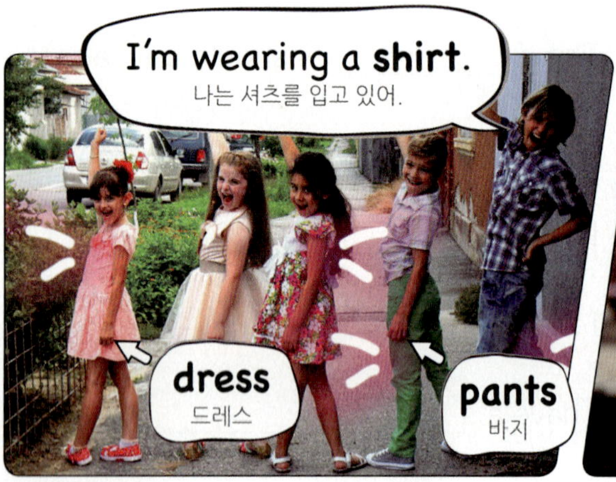

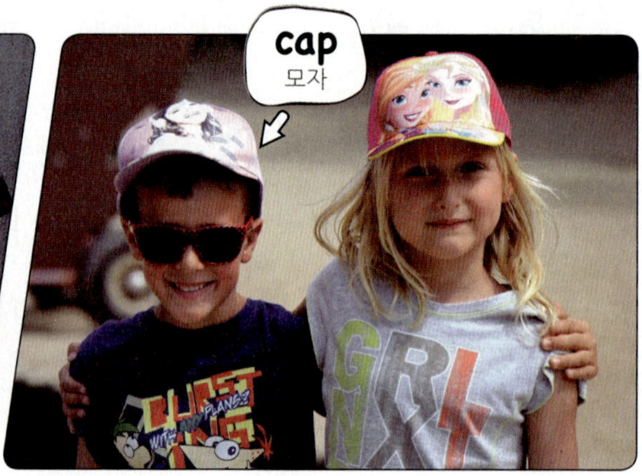

☆초등필수☆

0561
shirt
  shirt   s   s

[ʃəːrt] 셔츠

☆초등필수☆

0562
dress
  dress   d   d

[dres] 드레스

☆초등필수☆

0563
pants
  pants   p   p

[pænts] 바지

☆초등필수☆

0564
cap
  cap   c   c

[kæp] (앞에 챙이 있는) 모자

0565
put on
  put on   p   p

[put ən] 입다, 쓰다

I'm **wearing a skirt.**
난 치마를 입고 있어.

I'm **wearing a pair of socks!**
난 한 켤레의 양말을 신고 있어!

watch
시계

ring
반지

☆초등필수☆

0566
wear
wear   w   w

[wɛər] 입다

☆초등필수☆

0567
skirt
skirt   s   s

[skəːrt] 치마

☆초등필수☆

0568
socks
socks   s   s

[sɑks] 양말

☆초등필수☆

0569
ring
ring   r   r

[riŋ] 반지

☆초등필수☆

0570
watch
watch   w   w

[wɑtʃ] 시계

In winter,
I wear warm **clothes**.
겨울에, 나는 따뜻한 옷을 입어.

I'm wearing a **jacket**.
난 재킷을 입고 있어.

☆초등필수☆
0571
clothes
[klouz] 옷

☆초등필수☆
0572
hat
[hæt] 모자

☆초등필수☆
0573
coat
[kout] 코트

☆초등필수☆
0574
gloves
[glʌvz] 장갑

0575
tie
[tai] 넥타이

☆초등필수☆
0576
jacket
[dʒǽkit] 재킷

belt
벨트

scarf
스카프

I'm **taking off** my **shoes**!
난 내 신발을 벗고 있어!

☆초등필수☆

0577
take off

take off   t   t

[teik ɔ:f] 벗다

☆초등필수☆

0578
shoes

shoes   s   s

[ʃu:z] 신발

☆초등필수☆

0579
belt

belt   b   b

[belt] 벨트

☆초등필수☆

0580
scarf

scarf   s   s

[ska:rf] 스카프

신발 한 짝은 "shoe".

하지만 신발은 대부분 두 짝이기 때문에 "shoes"라고 하지.

DAY 29 Activity

STEP 1
ACTIVITY로 암기한 단어를 연습하세요.

STEP 2
ACTIVITY에서 틀린 단어를 복습하세요.

STEP 3
TEST를 통해 오늘 암기한 단어를 확인하세요.

 A. 다음 사진과 설명을 보고 연상되는 영어 단어나 우리말 뜻을 고르세요.

1.

I'm wearing a ( ).
나는 셔츠를 입고 있어.

ⓐ cap   ⓑ shirt

2.

I'm wearing a pair of ( )!
난 한 켤레의 양말을 신고 있어!

ⓐ socks   ⓑ watch

3.

I'm wearing a ( ).
난 재킷을 입고 있어.

ⓐ jacket   ⓑ pants

4.

In winter, I wear warm ( ).
겨울에, 나는 따뜻한 옷을 입어.

ⓐ socks   ⓑ clothes

5.

I'm taking off my shoes!
난 내 ( )을 벗고 있어!

ⓐ 장갑   ⓑ 신발

6.

스카프

ⓐ scarf   ⓑ shirt

B. 우리말에 맞도록 주어진 알파벳으로 시작하는 단어를 써 보세요.

7. 나는 **셔츠**를 입고 있어. I'm wearing a s_____.

8. 나는 **드레스**를 입고 있어. I'm wearing a d_____.

9. 나는 **바지**를 입고 있어. I'm wearing p_____.

10. 나는 **치마**를 입고 있어. I'm wearing a s_____.

11. 나는 **코트**를 입고 있어. I'm wearing a c_____.

12. 나는 **재킷**을 입고 있어. I'm wearing a j_____.

13. 나는 **신발**을 신고 있어. I'm wearing s_____.

C. 다음 우리말을 보고 알맞은 영어 단어의 철자를 써 보세요.

14. 벨트

		l		

15. 입다, 쓰다

p				n

16. 양말

s		k	

17. 벗다

		k	e		o		

18. 옷

c		o	t		e

19. 시계

w		t	c	

20. 장갑

		l	o		s

> **I feel good!**
> 나는 기분이 좋아!

> **I am very happy!**
> 나는 매우 행복해!

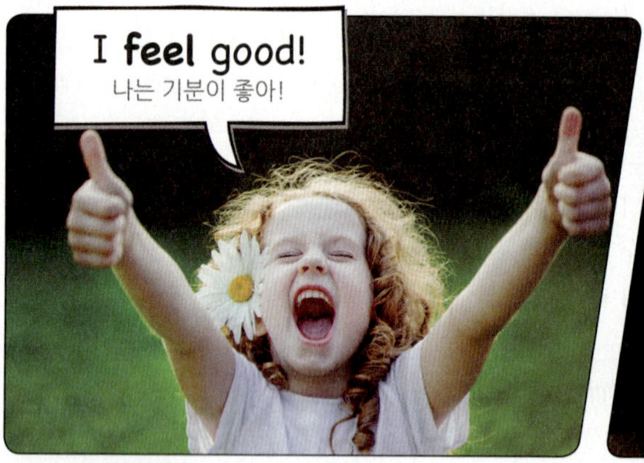

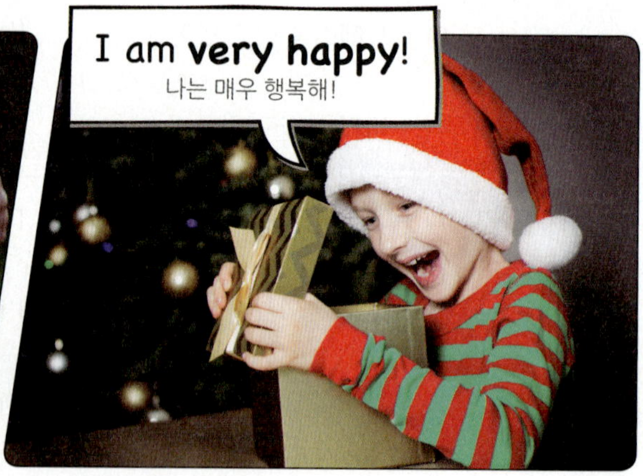

☆초등필수☆

0581
feel
feel 　 f 　 f
[fiːl] 느끼다

0582
feeling
feeling 　 f 　 f
[fíːliŋ] 감정

☆초등필수☆

0583
proud
proud 　 p 　 p
[praud] 자랑스러운

☆초등필수☆

0584
happy
happy 　 h 　 h
[hǽpi] 행복한

☆초등필수☆

0585
very
very 　 v 　 v
[véri] 매우

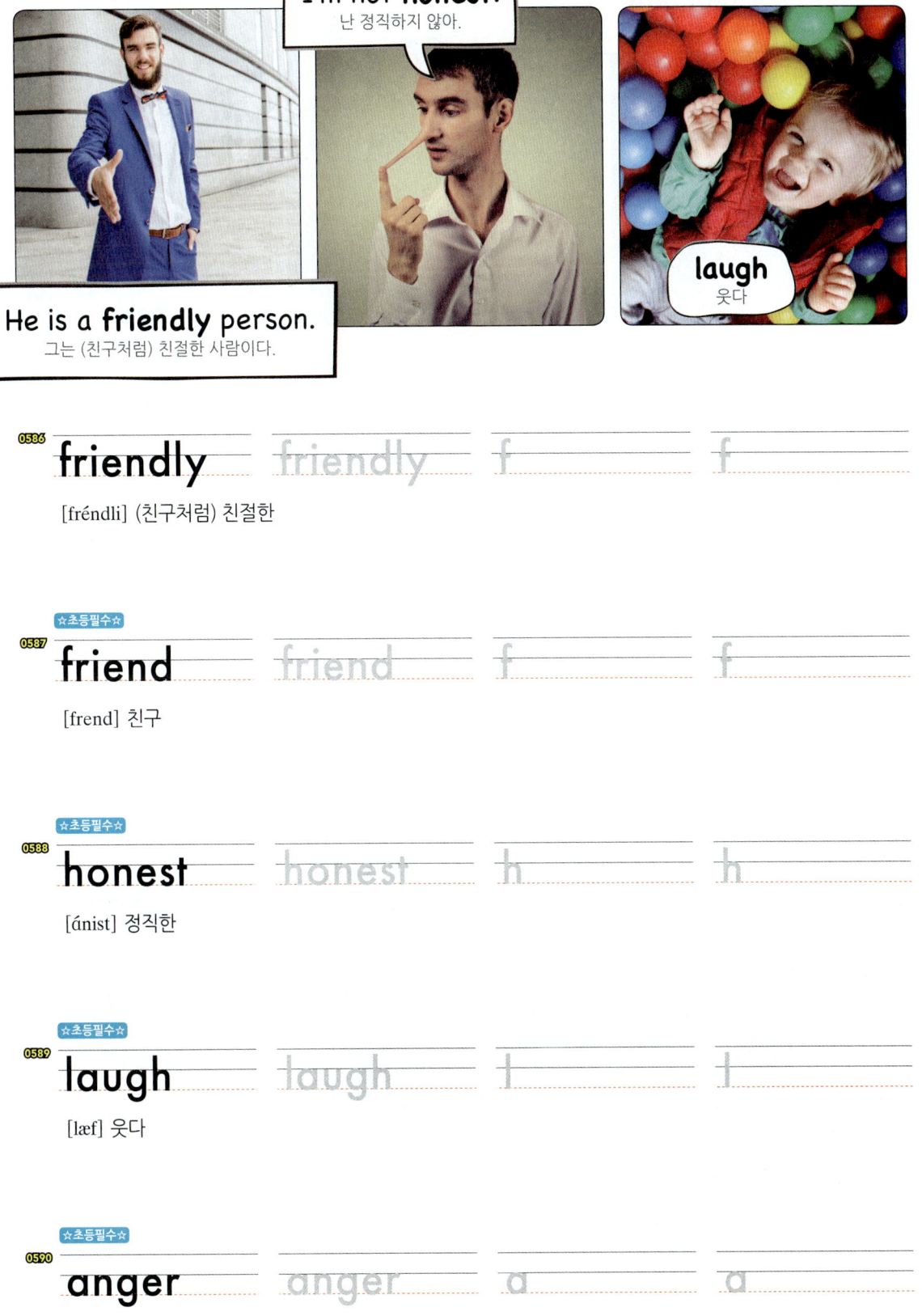

I'm not **honest**.
난 정직하지 않아.

laugh
웃다

He is a **friendly** person.
그는 (친구처럼) 친절한 사람이다.

0586 **friendly** ⎯⎯ friendly ⎯⎯ f ⎯⎯ f

[fréndli] (친구처럼) 친절한

☆초등필수☆

0587 **friend** ⎯⎯ friend ⎯⎯ f ⎯⎯ f

[frend] 친구

☆초등필수☆

0588 **honest** ⎯⎯ honest ⎯⎯ h ⎯⎯ h

[ánist] 정직한

☆초등필수☆

0589 **laugh** ⎯⎯ laugh ⎯⎯ l ⎯⎯ l

[læf] 웃다

☆초등필수☆

0590 **anger** ⎯⎯ anger ⎯⎯ a ⎯⎯ a

[ǽŋɡər] 분노

0591
bad
bad   b   b

[bæd] 나쁜

0592
upset
upset   u   u

[ʌpset] 속상한

0593
sad
sad   s   s

[sæd] 슬픈

0594
angry
angry   a   a

[ǽŋgri] 화난

0595 **lonely** lonely l l

[lóunli] 외로운

☆초등필수☆

0596 **now** now n n

[nau] 지금

☆초등필수☆

0597 **tired** tired t t

[taiərd] 피곤한

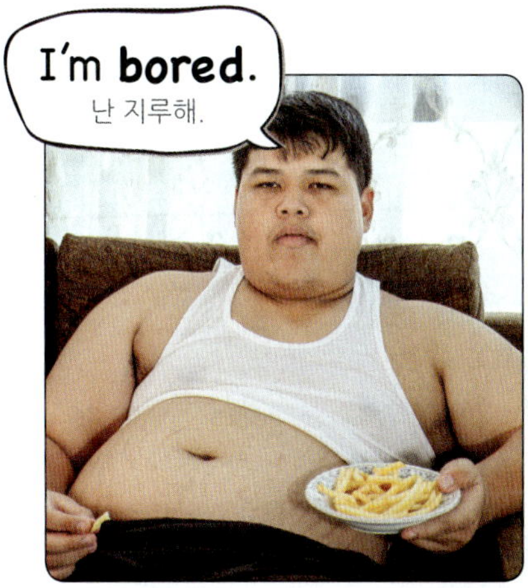
I'm bored.
난 지루해.

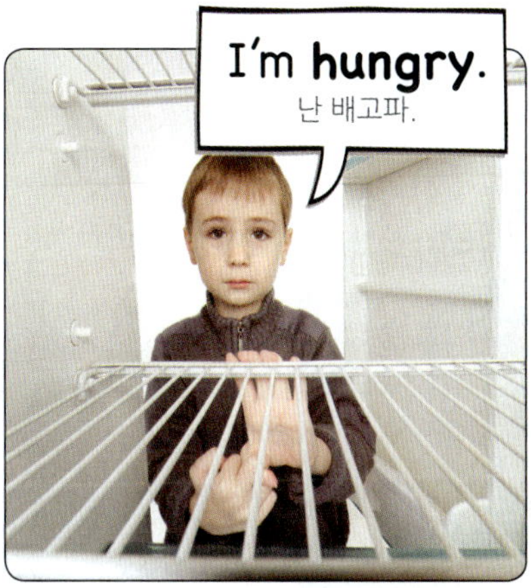
I'm hungry.
난 배고파.

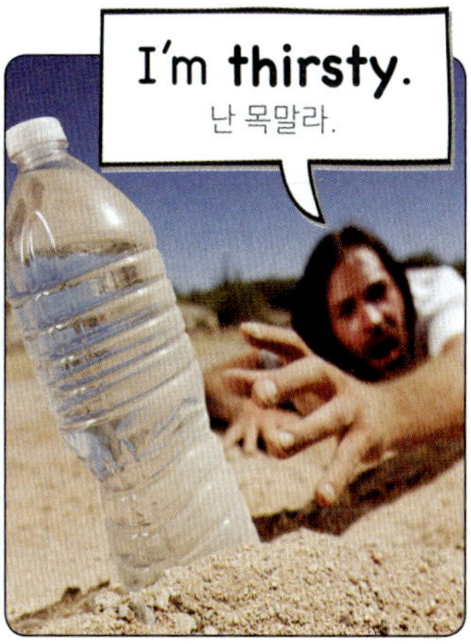
I'm thirsty.
난 목말라.

☆초등필수☆

0598 **bored** bored b b

[bɔːrd] 지루한

☆초등필수☆

0599 **hungry** hungry h h

[hʌ́ŋgri] 배고픈

☆초등필수☆

0600 **thirsty** thirsty t t

[θə́ːrsti] 목 마른

DAY 30 Activity

STEP 1
ACTIVITY로 암기한 단어를 연습하세요.

STEP 2
ACTIVITY에서 틀린 단어를 복습하세요.

STEP 3
TEST를 통해 오늘 암기한 단어를 확인하세요.

 A. 다음 사진과 설명을 보고 연상되는 영어 단어나 우리말 뜻을 고르세요.

1.

I feel (　　)!
나는 기분이 좋아!

ⓐ upset　　　ⓑ good

2.

I am very happy!
나는 매우 (　　)!

ⓐ 행복해　　　ⓑ 화가 나

3.

I'm not (　　).
난 정직하지 않아.

ⓐ lonely　　　ⓑ honest

4.

I'm sad.
난 (　　).

ⓐ 슬퍼　　　ⓑ 자랑스러워

5.

I'm (　　).
난 지루해.

ⓐ thirsty　　　ⓑ bored

6.

I feel (　　).
난 기분이 나빠.

ⓐ good　　　ⓑ bad

B. 우리말에 맞도록 주어진 알파벳으로 시작하는 단어를 써 보세요.

7. 나는 **행복해**.   I am h_____.

8. 나는 **슬퍼**.   I am s_____.

9. 나는 **화가 나**.   I am a_____.

10. 나는 **속상해**.   I am u_____.

11. 나는 **외로워**.   I am l_____.

12. 나는 **피곤해**.   I am t_____.

13. 나는 **목이 말라**.   I am t_____.

C. 다음 우리말을 보고 알맞은 영어 단어의 철자를 써 보세요.

14. 느끼다 | f | e | | |

15. 자랑스러운 | p | | | | d |

16. 나쁜 | b | | |

17. 매우 | | | r | |

18. (친구처럼) 친절한 | f | r | | | | d | | |

19. 정직한 | | | | e | s | |

20. 웃다 | | | | g | h |

A. 다음 우리말 뜻에 맞는 단어를 괄호 안에서 고르세요.

1. 우리는 해외로 여행을 한다. We (go / travel) abroad.

2. 저희 호텔에 오신 것을 환영합니다. Welcome to our (house / hotel).

3. 나는 경찰서에서 일하고 있다. I'm working at the (police station / bank).

4. 길을 따라 많은 집들이 있어. There are many houses (along / to) the road.

5. 숨을 깊게 들이쉬세요. Take a deep (breath / cough).

6. 나는 따뜻한 옷을 입는다. I wear warm (clothes / scarf).

7. 그는 모자를 쓴다. He puts on a (cap / ring).

8. 나는 기분이 좋다. I feel (good / bad).

9. 그는 (친구처럼) 친절한 사람이다. He is a (friendly / upset) person.

B. 아래 영어 단어의 우리말 뜻을 쓰세요.

10. country _____

11. duty _____

12. gate _____

13. hospital _____

14. park _____

15. theater _____

16. cold _____

17. sick _____

18. take off _____

19. jacket _____

20. happy _____

21. thirsty _____

총 40문제입니다.
(각 2.5점씩)

SCORE

GRADE

A	B	C
100~80	80~50	50~

C. 빈칸에 알맞은 단어를 찾아 줄로 연결하세요.

22. I want to _____ for a visa. •
   비자를 신청하고 싶어요.

• post office

23. I want to _____. •
   투숙 수속을 밟고 싶어요.

• apply

24. I go to the _____. •
   나는 우체국에 가.

• check in

25. It's an _____! •
   응급상황이야!

• emergency

26. I'm wearing a _____. •
   나는 셔츠를 입고 있어.

• lonely

27. I'm _____. •
   나는 지루해.

• shirt

28. I feel _____ now. •
   난 지금 외롭다고 느껴.

• bored

D. 다음 우리말을 보고 알맞은 영어 단어를 써 보세요.

29. 안내   g_____

35. 흉터   s_____

30. 외국의   f_____

36. 환자   p_____

31. 여권   p_____

37. 알약   p_____

32. ~에   t_____

38. 옷   c_____

33. 교회   c_____

39. 시계   w_____

34. 은행   b_____

40. 정직한   h_____

Day 02
https://wikimedia.org/wiki/File:MSM-sporthalle.jpg
http://www.publicdomainpictures.net/view-image.
php?image=59968&picture=at-blackboard
https://en.wikipedia.org/wiki/File:School_in_Laos_-_
Reading_time.jpg
https://wikimedia.org/wiki/File:Boy_doing_homework_
(4596604619).jpg
http://blog.naver.com/rucuno1/80203604685

Day 03
https://pixabay.com/ko/B0-734821/
https://www.flickr.com/photos/salim/16216927650
https://pixabay.com/ko/80-606091/

Day 04
https://www.flickr.com/photos/aryaziai/9739828346
https://pixabay.com/ko/A4-926618/
https://www.flickr.com/photos/aryaziai/9739828346
http://www.gratisography.com/
https://wikipedia.org/wiki/Adhesive_tape
https://wikimedia.org/wiki/File:Elmer%27s_Office_
Glue_Stick_in_action.JPG
https://pixabay.com/ko/B5-658002/
https://wikipedia.org/wiki/Utility_knife
https://pixabay.com/ko/9C-174860/
https://www.flickr.com/photos/winning-
information/2325865367
https://wikimedia.org/wiki/File:Black_opaque_push_pin.jpg
https://wikipedia.org/wiki/Bumper_sticker
https://www.pexels.com/photo/man-person-street-
shoes-2882/

Day 05
https://wikimedia.org/wiki/File:Davey_D_interviews_
KRS-One.jpg
https://pixabay.com/ko/95-17474/
https://en.wikipedia.org/wiki/Drill_instructor

Day 06
https://pixabay.com/ko/9C-403593/
https://pixabay.com/ko/BD-451211/
https://www.flickr.com/photos/emeryway/3336227189
https://wikimedia.org/wiki/File:Granular_starfish_at_
Castle_Rocks_P7190647.JPG
https://pixabay.com/en/paperclip-clip-office-178126/
https://wikimedia.org/wiki/File:Eighty-eight_Butterfly_
(Diaethria_anna).JPG
https://www.flickr.com/photos/75362274@
N05/7648249140
https://pixabay.com/ko/A4-1101451/
https://wikimedia.org/wiki/File:Krispy_Kreme_Dozen_
Doughnuts_2.jpg

Day 07
https://wikimedia.org/wiki/File:Hausrotschwanz_
Brutpflege_2006-05-24_211.jpg
https://wikimedia.org/wiki/File:Washington_Street_
(21417172899).jpg
http://www.ignorancia.org/en/index.php?page=the-
bedroom

Day 08
https://pixabay.com/ko/AC-1209288/
https://pixabay.com/ko/88-1209605/
https://www.pexels.com/photo/white-bed-comforter-
during-daytimne-90317/

Day 09
https://www.pexels.com/photo/love-baby-boys-
family-50692/
https://pixabay.com/ko/B0-1545118/
https://pixabay.com/ko/80-554375/
https://pixabay.com/ko/9C-416614/

Day 10
https://pixabay.com/ko/84-515029/
https://pixabay.com/ko/9D-1323412/
https://www.flickr.com/photos/30845644@
N04/8544535328
https://pixabay.com/ko/AC-966383/
https://wikipedia.org/wiki/Fruit
https://pixabay.com/ko/BC-2558/

Day 11
https://www.flickr.com/photos/
jeffchristiansen/525676945/
https://pixabay.com/ko/95-1393324/

Day 12
https://wikimedia.org/wiki/File:Ponytail_blond_hair.jpg
https://www.flickr.com/photos/54115831@
N07/15668663721

https://pixabay.com/ko/A9-398613/

Day 13
https://pixabay.com/ko/A5-1441457/
http://www.publicdomainpictures.net/view-image.php?
image=177466&picture=vacation-fun

Day 14
https://wikimedia.org/wiki/File:Wheat_Plants.JPG
https://pixabay.com/ko/BC-1440466/
https://www.pexels.com/photo/58875/
https://pixabay.com/en/tiller-garden-to-go-farming-
country-709117/
https://wikimedia.org/wiki/File:Woman_farmer_in_
Kenya.jpg

Day 15
https://www.pexels.com/photo/34524/
https://www.pexels.com/photo/29553/
https://www.pexels.com/photo/136412/
https://wikimedia.org/wiki/File:Clownforlaragiddings.jpg
https://pixabay.com/ko/B8-61187/
https://www.flickr.com/photos/
redfernstudio/9519448141
https://pixabay.com/ko/80-618099/

Day 16
https://pixabay.com/ko/88-500118/
https://pixabay.com/ko/BC-1414889/
https://pixabay.com/ko/B4-855574/

Day 17
https://wikipedia.org/wiki/Grasshopper
https://pixabay.com/ko/84-459327/
https://wikimedia.org/wiki/File:Dragonfly_ran-384.jpg
https://wikimedia.org/wiki/List_of_U.S._state_butterflies
https://ja.wikipedia.org/wiki/%E3%83%9B%E3%82%
BF%E3%83%AB
https://wikimedia.org/wiki/File:Todd_Huffman_-_
Lattice_(by).jpg
https://pixabay.com/ko/98-1034338/
https://pixabay.com/en/earthworm-soil-dirt-
macro-686593/
https://www.pexels.com/photo/24366/
https://pixabay.com/ko/9C-655526/
https://wikimedia.org/wiki/File:7-Spotted-Ladybug-
Coccinella-septempunctata-sq1.jpg

Day 18
https://pl.wikipedia.org/wiki/NGC_6744
https://www.pexels.com/photo/42148/
https://en.wikipedia.org/wiki/Leonids#/media/
File:Leonid_Meteor.jpg
https://www.flickr.com/photos/forseti/295611418
https://www.flickr.com/photos/barkbud/6118897729
https://es.m.wikipedia.org/wiki/Archivo:Venus_
Rotation_Movie.gif

Day 19
http://www.pixnio.com/fauna-animals/birds/sparrow-
bird-pictures/white-crowned-sparrow/white-crowned-
sparrow-bird-in-green-grass-zonotrichia-leucophrys
https://www.pexels.com/photo/52549/
https://www.pexels.com/photo/66629/
https://commons.wikimedia.org/wiki/File:Flash-lit_
macro_Tomatoes.jpg
https://upload.wikimedia.org/wikipedia/commons/
thumb/4/43/Angry_elephant_ears.jpg/800px-Angry_
elephant_ears.jpg
https://pixabay.com/ko/84-1934/
https://pixabay.com/ko/9C-605170/
https://pixabay.com/ko/94-921698/
https://pixabay.com/ko/84-2490/
https://pixabay.com/ko/88-1418860/
http://www.gratisography.com/
https://pixabay.com/ko/94-858286/
https://www.flickr.com/photos/tjt195/229800778

Day 20
https://pixabay.com/ko/A4-1144739/
https://www.pexels.com/photo/25284/
https://pixabay.com/ko/94-975935/
https://static.pexels.com/photos/7862/pexels-photo.jpg
https://static.pexels.com/photos/4713/water-river-cave-
stalactite.jpg
https://pixabay.com/ko/94-1495821/
https://en.wikipedia.org/wiki/Forest
https://pixabay.com/ko/A4-mastiff-727367/

Day 21
https://pixabay.com/en/football-colored-sports-
gear-1166205/
https://www.flickr.com/photos/56192190@
N05/5203091651

https://pixabay.com/ko/A4-1331838/
https://pixabay.com/ko/90-1495860/
https://en.wikipedia.org/wiki/Batting_(baseball)
https://en.wikipedia.org/en/baseball-boys-sport-ball-
game-629911/
https://pixabay.com/ko/AC-56952/

Day 22
https://pixabay.com/ko/B8-1318112/
https://pixabay.com/ko/A0-776248/

Day 23
http://www.gratisography.com/
http://www.gratisography.com/
http://www.gratisography.com/
http://www.gratisography.com/
http://www.gratisography.com/
https://www.pexels.com/photo/2867/
https://pixabay.com/ko/90-315039/

Day 24
https://pixabay.com/ko/BD-1100507/
https://www.flickr.com/photos/
methodshop/6017769465
https://pixabay.com/ko/9C-801826/
https://www.flickr.com/photos/christigain/5636888777
https://pixabay.com/ko/98-731495/
https://pixabay.com/ko/98-591578/
https://static.pexels.com/photos/106948/pexels-photo-
106948-large.jpeg
https://pixabay.com/ko/80-702733/
https://pixabay.com/en/weather-sad-cloudy-sky-cloudy-
day-970751/

Day 25
https://pixabay.com/ko/91-97409/
https://www.flickr.com/photos/
gageskidmore/4161629227

Day 26
https://pixabay.com/ko/AC-878059/
https://pixabay.com/ko/A4-544430/
https://www.flickr.com/photos/jason_
weemin/2936094069
https://it.wikipedia.org/wiki/Duty-free_shop
https://pixabay.com/ko/9C-428335/

Day 27
http://www.geograph.org.uk/photo/1463521
https://commons.m.wikimedia.org/wiki/Police_officer
https://en.wikipedia.org/wiki/Tasmania_Police
https://pixabay.com/ko/B0-314354/
https://en.wikipedia.org/wiki/Coffeehouse
https://pixabay.com/en/market-market-stall-seller-
food-1154999/
https://pixabay.com/ko/B5-922998/
https://www.flickr.com/photos/villes/2999130649
https://pixabay.com/ko/98-1549052/
https://www.flickr.com/photos/44156646@
N06/21552758179

Day 28
https://pixabay.com/ko/B5-428649/
http://www.publicdomainpictures.net/view-image.
php?image=163874&picture=doctor
https://pixabay.com/ko/B4-841165/
https://www.flickr.com/photos/79654438@
N00/429141780
https://pixabay.com/ko/AC-1448405/
https://www.flickr.com/photos/joncandy/7988911228
https://pixabay.com/ko/85-780313/
https://www.pexels.com/photo/34670/

Day 29
https://pixabay.com/ko/B4-835146/
https://pixabay.com/en/children-boy-girl-people-850991/
https://pixabay.com/ko/B8-932346/
https://www.flickr.com/photos/quinnanya/2904310648
https://pixabay.com/ko/A0-286810/
https://www.flickr.com/photos/quinnanya/26912701911
https://www.flickr.com/photos/idhren/2696220884
https://commons.wikimedia.org/wiki/File:Kenyan-
infinity-scarf.jpg

Day 30
https://pixabay.com/ko/B0-1566470/
https://commons.wikimedia.org/wiki/File:Crying-girl.jpg

초등교과서 영단어 2400

초등 3학년

이미지로 학습하는 시각적 단어 암기장

받아쓰기
쪽지시험
해답

교육부 지정단어 ✚ 5종 교과서 ✚ 테마별 추가단어

MOTHERTONGUE
마더텅출판사
since1999.4.1.

부록책 구성 및 활용법

1. 받아쓰기 (p.1)

① 먼저 본문 학습을 마무리합니다.
② 해당하는 DAY의 받아쓰기 원어민 음원 파일을 본문의 QR코드 또는 마더텅 홈페이지(www.toptutor.co.kr)에서 찾아서 재생합니다.
③ 원어민 선생님이 두 번씩 읽어주는 영단어를 잘 듣고 안내선에는 알맞은 철자를, 안내선 옆에 있는 빈칸에는 우리말 뜻을 적습니다.
④ 받아쓰기 해답은 부록책 맨 마지막 장에 있습니다.

2. 쪽지시험 (p.31)

① 본문과 받아쓰기까지 학습을 마무리합니다.
② 해당하는 DAY에 수록된 단어들만 따로 쪽지시험으로 확인 할 수 있습니다.
③ 학원에서 평가용으로 활용할 수 있고, 스스로 확인하는 용도로 활용할 수도 있습니다.

3. ACTIVITY 해답 (p.46)

마더텅 초등교과서 영단어 2400은 초등학생들도 한 눈에 알아보기 쉬운 형태의 해답지를 제공합니다.

마더텅 학습 교재 이벤트에 참여해 주세요. 참여해 주신 분께 선물을 드립니다.

이벤트 1 1분 간단 교재 사용 후기 이벤트

마더텅은 고객님의 소중한 의견을 반영하여 보다 좋은 책을 만들고자 합니다.
교재 구매 후, <교재 사용 후기 이벤트>에 참여해 주신 모든 분께는 감사의 마음을 담아
네이버페이 포인트 1천 원 을 보내 드립니다. 지금 바로 QR 코드를 스캔해 소중한 의견을 보내 주세요!

이벤트 2 마더텅 교재로 공부하는 인증샷 이벤트

필수 태그 #마더텅 #초등영어 #공스타그램
인스타그램에 <마더텅 교재로 공부하는 인증샷>을 올려 주시면 참여해 주신 모든 분께 감사의 마음을 담아
네이버페이 포인트 2천 원 을 보내 드립니다. 지금 바로 QR 코드를 스캔해 작성한 게시물의 URL을 입력해 주세요!

이벤트 3 Overall Test 이벤트

본 교재의 DAY 21~25 Overall Test 페이지를 오려서 마더텅으로 보내 주세요!
추첨을 통해 소정의 상품을 보내 드립니다.
참여 방법 DAY 21~25 Overall Test 문제 페이지(p.160~161) 풀이 및 채점 완료
→ 해당 페이지를 모두 오려서 마더텅에 발송(우편, 택배 등) → QR 코드를 스캔하고 발송 인증

주소 (08501) 서울특별시 금천구 가마산로 96, 대륭테크노타운 8차 708호, 마더텅 이벤트 담당자 앞 / 010-6640-1064

※ 이벤트 기간: 2025년 12월 31일까지 (*해당 이벤트는 당사 사정에 따라 조기 종료될 수 있습니다.)
※ 자세한 사항은 해당 QR 코드를 스캔하거나 홈페이지 이벤트 공지 글을 참고해 주세요.
※ 만 14세 미만은 부모님께서 신청해 주셔야 합니다.
※ 당사 사정에 따라 이벤트의 내용이나 상품이 변경될 수 있으며 변경 시 홈페이지에 공지합니다.
※ 상품은 이벤트 참여일로부터 2~3일(영업일 기준) 내에 발송됩니다. (단, 이벤트 3은 예외)
※ 동일 교재로 세 가지 이벤트 모두 참여 가능합니다. (단, 같은 이벤트 중복 참여는 불가합니다.)

NAME :   DATE :   . .   SCORE :

1. night   밤

2.

3.

4.

5.

6.

7.

8.

9.

10.

11.

12.

13.

14.

15.

16.

17.

18.

19.

20.

초2400_3_d2

NAME :　　　　　　　　DATE :　　.　　.　　　　SCORE :

1. principal　　　교장 선생님

2.

3.

4.

5.

6.

7.

8.

9.

10.

11.

12.

13.

14.

15.

16.

17.

18.

19.

20.

📄 틀린 단어만 모아서 다시 공부해 보세요!!

초2400_3_d3

NAME :　　　　　　　DATE :　　　.　　　.　　　SCORE :

1. music 　음악

2.

3.

4.

5.

6.

7.

8.

9.

10.

11.

12.

13.

14.

15.

16.

17.

18.

19.

20.

 틀린 단어만 모아서 다시 공부해 보세요!!

초2400_3_d4

NAME :　　　　　　　DATE :　　.　　.　　SCORE :

1. glue　　　　　　　| 풀 |

2.

3.

4.

5.

6.

7.

8.

9.

10.

11.

12.

13.

14.

15.

16.

17.

18.

19.

20.

📑 틀린 단어만 모아서 다시 공부해 보세요!!

초2400_3_d5

NAME :

DATE :   .   .

SCORE :

1. *spelling*   철자
(스펠링)

2.

3.

4.

5.

6.

7.

8.

9.

10.

11.

12.

13.

14.

15.

16.

17.

18.

19.

20.

 틀린 단어만 모아서 다시 공부해 보세요!!

초2400_3_d6

NAME :   DATE :   .   .   SCORE :

1. sixteen   열여섯

11.

2.

12.

3.

13.

4.

14.

5.

15.

6.

16.

7.

17.

8.

18.

9.

19.

10.

20.

틀린 단어만 모아서 다시 공부해 보세요!!

NAME :　　　　　　　　DATE :　　　.　　　.　　　SCORE :

1. kitchen 　부엌

2.

3.

4.

5.

6.

7.

8.

9.

10.

11.

12.

13.

14.

15.

16.

17.

18.

19.

20.

 틀린 단어만 모아서 다시 공부해 보세요!!

초2400_3_d8

NAME :

DATE :   .   .

SCORE :

1. lamp   램프 등

2.

3.

4.

5.

6.

7.

8.

9.

10.

11.

12.

13.

14.

15.

16.

17.

18.

19.

20.

초2400_3_d9

NAME :　　　　　　　DATE :　　　.　　　.　　　SCORE :

1. grandparents 　조부모

2.

3.

4.

5.

6.

7.

8.

9.

10.

11.

12.

13.

14.

15.

16.

17.

18.

19.

20.

✂ 틀린 단어만 모아서 다시 공부해 보세요!!

초2400_3_d10

NAME :   DATE :   .   .   SCORE :

1. drink   마시다

2.

3.

4.

5.

6.

7.

8.

9.

10.

11.

12.

13.

14.

15.

16.

17.

18.

19.

20.

틀린 단어만 모아서 다시 공부해 보세요!!

초2400_3_d11

NAME :　　　　　　　　DATE :　　　.　　　.　　　SCORE :

1. touch　만지다

2.

3.

4.

5.

6.

7.

8.

9.

10.

11.

12.

13.

14.

15.

16.

17.

18.

19.

20.

NAME :

DATE :   .   .

SCORE :

1. beautiful [아름다운]

2.

3.

4.

5.

6.

7.

8.

9.

10.

11.

12.

13.

14.

15.

16.

17.

18.

19.

20.

틀린 단어만 모아서 다시 공부해 보세요!!

NAME :　　　　　　　　DATE :　　.　　.　　SCORE :

1. boat 　　보트

2.

3.

4.

5.

6.

7.

8.

9.

10.

11.

12.

13.

14.

15.

16.

17.

18.

19.

20.

 틀린 단어만 모아서 다시 공부해 보세요!!

초2400_3_d14

NAME :　　　　　　　　　DATE :　　　.　　　.　　　SCORE :

1. sheep　　　　　양

2.

3.

4.

5.

6.

7.

8.

9.

10.

11.

12.

13.

14.

15.

16.

17.

18.

19.

20.

틀린 단어만 모아서 다시 공부해 보세요!!

DAY 15 영단어 받아쓰기

NAME :　　　　　　　DATE :　　　.　　　.　　　SCORE :

1. wheel　　　바퀴

2.

3.

4.

5.

6.

7.

8.

9.

10.

11.

12.

13.

14.

15.

16.

17.

18.

19.

20.

 틀린 단어만 모아서 다시 공부해 보세요!!

초2400_3_d16

NAME :　　　　　　　　　　DATE :　　　.　　　.　　　　SCORE :

1. zookeeper 　사육사

2.

3.

4.

5.

6.

7.

8.

9. 　사육사

10.

11.

12.

13.

14.

15.

16.

17.

18.

19.

20.

🗒 틀린 단어만 모아서 다시 공부해 보세요!!

NAME :   DATE :   .   .   SCORE :

1. cockroach 바퀴벌레

2.

3.

4.

5.

6.

7.

8.

9.

10.

11.

12.

13.

14.

15.

16.

17.

18.

19.

20.

 틀린 단어만 모아서 다시 공부해 보세요!!

초2400_3_d18

NAME :   DATE :   .   .   SCORE :

1. full moon 보름달

2.

3.

4.

5.

6.

7.

8.

9.

10.

11.

12.

13.

14.

15.

16.

17.

18.

19.

20.

틀린 단어만 모아서 다시 공부해 보세요!!

NAME :　　　　　　　DATE :　　.　　.　　SCORE :

1. gold 　[금색]

2.

3.

4.

5.

6.

7.

8.

9.

10.

11.

12.

13.

14.

15.

16.

17.

18.

19.

20.

틀린 단어만 모아서 다시 공부해 보세요!!

초2400_3_d20

NAME :   DATE :   .   .   SCORE :

1. land | 땅

2.

3.

4.

5.

6.

7.

8.

9.

10.

11.

12.

13.

14.

15.

16.

17.

18.

19.

20.

🗒 틀린 단어만 모아서 다시 공부해 보세요!!

NAME :　　　　　　　DATE :　　.　　.　　SCORE :

1. catcher 　포수

2.

3.

4.

5.

6.

7.

8.

9.

10.

11.

12.

13.

14.

15.

16.

17.

18.

19.

20.

틀린 단어만 모아서 다시 공부해 보세요!!

초2400_3_d22

NAME :　　　　　　　DATE :　　　.　　　.　　　SCORE :

1. picture 　사진, 그림

2.

3.

4.

5.

6.

7.

8.

9.

10.

11.

12.

13.

14.

15.

16.

17.

18.

19.

20.

틀린 단어만 모아서 다시 공부해 보세요!!

초2400_3_d23

NAME :　　　　　DATE :　　　.　　　.　　　SCORE :

1. hair 　　　　　　머리카락

2.

3.

4.

5.

6.

7.

8.

9.

10.

11.

12.

13.

14.

15.

16.

17.

18.

19.

20.

틀린 단어만 모아서 다시 공부해 보세요!!

NAME :   DATE :   .   .   SCORE :

1. lightning   번개

2.

3.

4.

5.

6.

7.

8.

9.

10.

11.

12.

13.

14.

15.

16.

17.

18.

19.

20.

📋 틀린 단어만 모아서 다시 공부해 보세요!!

NAME :　　　　　　　DATE :　　　.　　　.　　　SCORE :

1. *thirty*　　삼십

2.

3.

4.

5.

6.

7.

8.

9.

10.

11.

12.

13.

14.

15.

16.

17.

18.

19.

20.

초2400_3_d26

NAME :   DATE :   .   .   SCORE :

1. bellboy   벨보이

2.

3.

4.

5.

6.

7.

8.

9.

10.

11.

12.

13.

14.

15.

16.

17.

18.

19.

20.

틀린 단어만 모아서 다시 공부해 보세요!!

초2400_3_d27

NAME :　　　DATE :　　.　　.　　　SCORE :

1. hospital　병원

2.

3.

4.

5.

6.

7.

8.

9.

10.

11.

12.

13.

14.

15.

16.

17.

18.

19.

20.

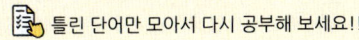 틀린 단어만 모아서 다시 공부해 보세요!!

초2400_3_d28

NAME :　　　　　　　　　DATE :　　.　　.　　　　SCORE :

1. emergency　응급상황

2.

3.

4.

5.

6.

7.

8.

9.

10.

11.

12.

13.

14.

15.

16.

17.

18.

19.

20.

틀린 단어만 모아서 다시 공부해 보세요!!

NAME :   DATE :   .   .   SCORE :

1. jacket   재킷

2. _____

3. _____

4. _____

5. _____

6. _____

7. _____

8. _____

9. _____

10. _____

11. _____

12. _____

13. _____

14. _____

15. _____

16. _____

17. _____

18. _____

19. _____

20. _____

 틀린 단어만 모아서 다시 공부해 보세요!!

NAME :   DATE :   SCORE :

1. now — 지금

2.

3.

4.

5.

6.

7.

8.

9.

10.

11.

12.

13.

14.

15.

16.

17.

18.

19.

20.

틀린 단어만 모아서 다시 공부해 보세요!!

DAY 01 영단어 쪽지시험

※ 문제당 5점입니다.

| DATE | NAME | SCORE | 점 |

1. evening _____
2. hello _____
3. glad _____
4. morning _____
5. you _____
6. afternoon _____
7. welcome _____
8. nice _____
9. see _____
10. meet _____

11. 좋은 _____
12. 작별인사 _____
13. 다음에 _____
14. 괜찮은, 잘 지내는 _____
15. 밤 _____
16. 악수 _____
17. 안녕(헤어질 때) _____
18. 인사 _____
19. 어떻게 _____
20. 잘 가 _____

 ## DAY 02 영단어 쪽지시험

※ 문제당 5점입니다.

| DATE | NAME | SCORE | 점 |

1. group _____
2. breaktime _____
3. principal _____
4. blackboard _____
5. student _____
6. classroom _____
7. study _____
8. backpack _____
9. learn _____
10. class _____

11. 반 친구 _____
12. 숙제 _____
13. 학교 _____
14. 책 _____
15. 가르치다 _____
16. 시험 _____
17. 선생님 _____
18. 운동장 _____
19. 교과서 _____
20. 깃발 _____

DAY 03 영단어 쪽지시험

※ 문제당 5점입니다.

DATE		NAME		SCORE	점

1. music   11. 예술, 미술
2. chant   12. 앉다
3. hard   13. 수업, 과
4. open   14. ~하자
5. check   15. 과학
6. stand   16. 질문
7. repeat   17. 퀴즈, 간단한 시험
8. easy   18. 쪽
9. English   19. 수학
10. Korean   20. 일어나다

 ## DAY 04 영단어 쪽지시험

※ 문제당 5점입니다.

DATE		NAME		SCORE	점

1. scissors   11. 칼
2. pen   12. 압정
3. sticker   13. 누르다
4. glue   14. 클립
5. pencil case   15. 자르다
6. paper   16. 자
7. notebook   17. 테이프
8. have   18. 지우다
9. stick   19. 물론
10. eraser   20. 연필

DAY 05 영단어 쪽지시험

| DATE | | NAME | | SCORE | 점 |

1. wrap-up _____
2. almost _____
3. spelling _____
4. guess _____
5. practice _____
6. write _____
7. exercise _____
8. aloud _____
9. spell _____
10. together _____

11. ~라고 말하다 _____
12. 이해하다 _____
13. 끝내다 _____
14. 노력하다, 시도하다 _____
15. 말해주다 _____
16. (여러 사람에게) 말하다 _____
17. 시작(하다) _____
18. 생각하다 _____
19. 대화하다 _____
20. 보여주다 _____

 ## DAY 06 영단어 쪽지시험

| DATE | | NAME | | SCORE | 점 |

1. nine _____
2. nineteen _____
3. four _____
4. twenty _____
5. three _____
6. ten _____
7. eight _____
8. thirteen _____
9. seventeen _____
10. seven _____

11. 열여섯 _____
12. 다섯 _____
13. 열하나 _____
14. 하나 _____
15. 둘 _____
16. 열여덟 _____
17. 열넷 _____
18. 열다섯 _____
19. 여섯 _____
20. 열둘 _____

DAY 07 영단어 쪽지시험

DATE		NAME		SCORE	점

1. wall _____
2. kitchen _____
3. home _____
4. living room _____
5. room _____
6. window _____
7. bedroom _____
8. lock _____
9. door _____
10. wash _____

11. 현관문 _____
12. 침대 _____
13. 소파 _____
14. 욕조 _____
15. 지붕 _____
16. 변기 _____
17. 초인종 _____
18. 욕실 _____
19. 사슬 _____
20. 집 _____

 DAY 08 영단어 쪽지시험

DATE		NAME		SCORE	점

1. double bed _____
2. bookshelf _____
3. coin _____
4. bunk bed _____
5. close _____
6. desk _____
7. chair _____
8. mirror _____
9. bookcase _____
10. closet _____

11. 돼지 저금통 _____
12. 베개 _____
13. 램프, 등 _____
14. 서랍 _____
15. 탁자 _____
16. 넣다 _____
17. 1인용 침대 _____
18. 선반 _____
19. 시트 _____
20. 담요 _____

DAY 09 영단어 쪽지시험

※ 문제당 5점입니다.

DATE		NAME		SCORE	점

1. daughter _____
2. adult _____
3. son _____
4. my _____
5. family _____
6. parents _____
7. wife _____
8. sibling _____
9. grandmother _____
10. mom _____

11. 남편 _____
12. 언니, 누나, 여동생 _____
13. 조부모 _____
14. 어머니 _____
15. 형, 오빠, 남동생 _____
16. 할아버지 _____
17. 아버지 _____
18. 손녀 _____
19. 아빠 _____
20. 누구 _____

 # DAY 10 영단어 쪽지시험

※ 문제당 5점입니다.

DATE		NAME		SCORE	점

1. chicken _____
2. beef _____
3. vegetable _____
4. milk _____
5. fruit _____
6. pork _____
7. eat _____
8. like _____
9. want _____
10. drink _____

11. 햄버거 _____
12. 설탕 _____
13. 소금 _____
14. 숟가락 _____
15. 빵 _____
16. 달콤한 _____
17. 차 _____
18. 주스 _____
19. 음식 _____
20. 고기 _____

DAY 11 영단어 쪽지시험

※ 문제당 5점입니다.

| DATE | | NAME | | SCORE | | 점 |

1. prince _____
2. crystal ball _____
3. queen _____
4. hate _____
5. stepmother _____
6. long time _____
7. ago _____
8. crystal shoes _____
9. witch _____
10. palace _____

11. 만지다 _____
12. 왕국 _____
13. 독(독이 든) _____
14. 백설공주 _____
15. 성 _____
16. 난쟁이 _____
17. 왕 _____
18. 섞다 _____
19. 새언니 _____
20. 공주 _____

 DAY 12 영단어 쪽지시험

※ 문제당 5점입니다.

| DATE | | NAME | | SCORE | | 점 |

1. young _____
2. good-looking _____
3. ponytail _____
4. she _____
5. long hair _____
6. beautiful _____
7. tall _____
8. pretty _____
9. handsome _____
10. like _____

11. 그 _____
12. 늙은 _____
13. 몸무게 _____
14. 못생긴 _____
15. 키 작은 _____
16. 소년 _____
17. 소녀 _____
18. 어린이 _____
19. 키 _____
20. 보다, 보이다 _____

DAY 13 영단어 쪽지시험

| DATE | | NAME | | SCORE | | 점 |

1. drive _____
2. airplane _____
3. by _____
4. train _____
5. take _____
6. get on _____
7. go _____
8. subway _____
9. station _____
10. slow _____

11. 배 _____
12. 빠른 _____
13. 자동차 _____
14. 교통 _____
15. 보트 _____
16. 버스 _____
17. 공항 _____
18. 멈추다 _____
19. 날다 _____
20. 택시 _____

 DAY 14 영단어 쪽지시험

| DATE | | NAME | | SCORE | | 점 |

1. countryside _____
2. grow _____
3. cow _____
4. sheep _____
5. plant _____
6. farm _____
7. pig _____
8. rice _____
9. barn _____
10. fence _____

11. 들판 _____
12. 옥수수 _____
13. 잡초(를 뽑다) _____
14. 씨앗 _____
15. 밀 _____
16. 추수하다 _____
17. 말 _____
18. 염소 _____
19. 먹이를 주다 _____
20. 농부 _____

DAY 15 영단어 쪽지시험

※ 문제당 5점입니다.

| DATE | | NAME | | SCORE | | 점 |

1. enter _____
2. amuse _____
3. cotton candy _____
4. exciting _____
5. amusement park _____
6. entrance _____
7. roller coaster _____
8. giant stride _____
9. clown _____
10. merry-go-round _____

11. 바퀴 _____
12. 놀이기구 _____
13. 후룸라이드 _____
14. 풍선 _____
15. 타다 _____
16. 거대한/ 거인 _____
17. 큰 _____
18. 재미/ 재미있는 _____
19. 군중(많은 사람들) _____
20. 그네 _____

 # DAY 16 영단어 쪽지시험

※ 문제당 5점입니다.

| DATE | | NAME | | SCORE | | 점 |

1. fox _____
2. animal _____
3. zebra _____
4. bat _____
5. tiger _____
6. small _____
7. zoo _____
8. lion _____
9. whale _____
10. wolf _____

11. 쥐(mouse의 복수형) _____
12. 개 _____
13. 사육사 _____
14. 울다 _____
15. 사슴 _____
16. 쥐 _____
17. 곰 _____
18. 돌고래 _____
19. 기린 _____
20. 코끼리 _____

DAY 17 영단어 쪽지시험

※ 문제당 5점입니다.

DATE		NAME		SCORE	점

1. ladybug _____
2. ant _____
3. jump _____
4. spider web _____
5. bug _____
6. firefly _____
7. butterfly _____
8. insect _____
9. cockroach _____
10. gross _____

11. 귀뚜라미 _____
12. 파리/ 날다 _____
13. 거미 _____
14. 딱정벌레 _____
15. 벌 _____
16. 잠자리 _____
17. 지렁이 _____
18. 나방 _____
19. 메뚜기 _____
20. 애벌레 _____

 # DAY 18 영단어 쪽지시험

※ 문제당 5점입니다.

DATE		NAME		SCORE	점

1. Earth _____
2. full moon _____
3. Milky Way _____
4. Mars _____
5. half _____
6. Jupiter _____
7. universe _____
8. sun _____
9. space _____
10. moon _____

11. 별, 항성 _____
12. 행성 _____
13. 가득 찬 _____
14. 우주선 _____
15. 은하계 _____
16. 금성 _____
17. 별똥별 _____
18. 토성 _____
19. 반달 _____
20. 초승달 _____

DAY 19 영단어 쪽지시험

※ 문제당 5점입니다.

| DATE | | NAME | | SCORE | 점 |

1. paint _____
2. pink _____
3. color _____
4. gray _____
5. red _____
6. yellow _____
7. sky blue _____
8. gold _____
9. silver _____
10. white _____

11. 형형색색의 _____
12. 주황색 _____
13. 초록색 _____
14. 검은색 _____
15. 보라색 _____
16. 파란색 _____
17. 노을 _____
18. 갈색 _____
19. 청록색 _____
20. 남색 _____

 DAY 20 영단어 쪽지시험

※ 문제당 5점입니다.

| DATE | | NAME | | SCORE | 점 |

1. land _____
2. ocean _____
3. sea _____
4. nature _____
5. cave _____
6. grass _____
7. flower _____
8. sky _____
9. hill _____
10. wave _____

11. 바위 _____
12. 돌 _____
13. 흙 _____
14. 공기 _____
15. 강 _____
16. 호수 _____
17. 숲 _____
18. 산 _____
19. 세계 _____
20. 개울 _____

DAY 21 영단어 쪽지시험

※ 문제당 5점입니다.

| DATE | | NAME | | SCORE | 점 |

1. keep   _____
2. sport   _____
3. batter   _____
4. shoot   _____
5. basketball   _____
6. pitch   _____
7. pitcher   _____
8. kick   _____
9. goal keeper   _____
10. bat   _____

11. 치다   _____
12. 공을 몰고 가다   _____
13. 축구   _____
14. 잡다   _____
15. 던지다   _____
16. 미식축구   _____
17. 건네주다   _____
18. 야구   _____
19. 포수   _____
20. 공   _____

DAY 22 영단어 쪽지시험

※ 문제당 5점입니다.

| DATE | | NAME | | SCORE | 점 |

1. jump rope   _____
2. movie   _____
3. watch   _____
4. painting   _____
5. cooking   _____
6. picture   _____
7. take a picture   _____
8. picnic   _____
9. fish   _____
10. bicycle   _____

11. 독서   _____
12. 그리다   _____
13. 요리사/ 요리하다   _____
14. 사진   _____
15. 쇼핑   _____
16. 즐기다   _____
17. 듣다   _____
18. 장난감   _____
19. 낚시   _____
20. 취미   _____

DAY 23 영단어 쪽지시험

※ 문제당 5점입니다.

| DATE | | NAME | | SCORE | 점 |

1. leg _____
2. back _____
3. elbow _____
4. hand _____
5. finger _____
6. hair _____
7. head _____
8. eye _____
9. nose _____
10. heart _____

11. 이것 _____
12. 발가락 _____
13. 목 _____
14. 발 _____
15. 몸 _____
16. 팔 _____
17. 입 _____
18. 귀 _____
19. 얼굴 _____
20. 어깨 _____

 DAY 24 영단어 쪽지시험

※ 문제당 5점입니다.

| DATE | | NAME | | SCORE | 점 |

1. lightning _____
2. cool _____
3. cloud _____
4. wind _____
5. sunny _____
6. cloudy _____
7. snowy _____
8. hot _____
9. weather _____
10. rain _____

11. 추운 _____
12. 무지개 _____
13. 눈 _____
14. 이슬 _____
15. 따뜻한 _____
16. 맑은 _____
17. 비가 많이 오는 _____
18. 바람이 많이 부는 _____
19. 안개 _____
20. 안개가 낀 _____

DAY 25 영단어 쪽지시험

| DATE | | NAME | | SCORE | 점 |

1. much _____
2. cheap _____
3. ninety _____
4. count _____
5. how much _____
6. fifty _____
7. sixty _____
8. million _____
9. seventy _____
10. eighty _____

11. 만 _____
12. 십억 _____
13. 백 _____
14. 십만 _____
15. 숫자 _____
16. 천 _____
17. 천만 _____
18. 사십 _____
19. 삼십 _____
20. 비싼 _____

 DAY 26 영단어 쪽지시험

※ 문제당 5점입니다.

| DATE | | NAME | | SCORE | 점 |

1. guide _____
2. duty free _____
3. guidebook _____
4. country _____
5. ID card _____
6. bellboy _____
7. hotel _____
8. signature _____
9. key _____
10. abroad _____

11. 세금, 의무 _____
12. 룸서비스 _____
13. 외국의 _____
14. 탑승구 _____
15. 체크인(투숙 수속)하다 _____
16. 신청하다 _____
17. 여행하다 _____
18. 신분증 _____
19. 여권 _____
20. 비자, 사증 _____

DAY 27 영단어 쪽지시험

※ 문제당 5점입니다.

| DATE | | NAME | | SCORE | 점 |

1. bakery _____
2. to _____
3. post office _____
4. bus stop _____
5. police officer _____
6. along _____
7. church _____
8. library _____
9. park _____
10. hospital _____

11. 경찰서 _____
12. 극장 _____
13. 시장 _____
14. 길 _____
15. 은행 _____
16. 카페 _____
17. 이웃 _____
18. 빌딩, 건물 _____
19. ~에서 _____
20. 마을 _____

 DAY 28 영단어 쪽지시험

※ 문제당 5점입니다.

| DATE | | NAME | | SCORE | 점 |

1. blood _____
2. take a breath _____
3. injury _____
4. medicine _____
5. stomach _____
6. catch a cold _____
7. stomachache _____
8. cold _____
9. checkup _____
10. patient _____

11. 콧물 _____
12. 알약 _____
13. 기침 _____
14. 흉터 _____
15. 피 흘리다 _____
16. 아픈 _____
17. 고통 _____
18. 응급상황 _____
19. 숨 _____
20. 다치다 _____

DAY 29 영단어 쪽지시험

DATE		NAME		SCORE	점

1. pants   _____
2. belt   _____
3. socks   _____
4. cap   _____
5. dress   _____
6. scarf   _____
7. gloves   _____
8. skirt   _____
9. wear   _____
10. ring   _____

11. 벗다   _____
12. 넥타이   _____
13. 시계   _____
14. 재킷   _____
15. 옷   _____
16. 코트   _____
17. 입다, 쓰다   _____
18. 신발   _____
19. 셔츠   _____
20. 모자   _____

 # DAY 30 영단어 쪽지시험

DATE		NAME		SCORE	점

1. now   _____
2. sad   _____
3. very   _____
4. anger   _____
5. laugh   _____
6. proud   _____
7. lonely   _____
8. upset   _____
9. feeling   _____
10. feel   _____

11. 나쁜   _____
12. 목 마른   _____
13. 배고픈   _____
14. 친구   _____
15. 화난   _____
16. 피곤한   _____
17. 지루한   _____
18. (친구처럼) 친절한   _____
19. 행복한   _____
20. 정직한   _____

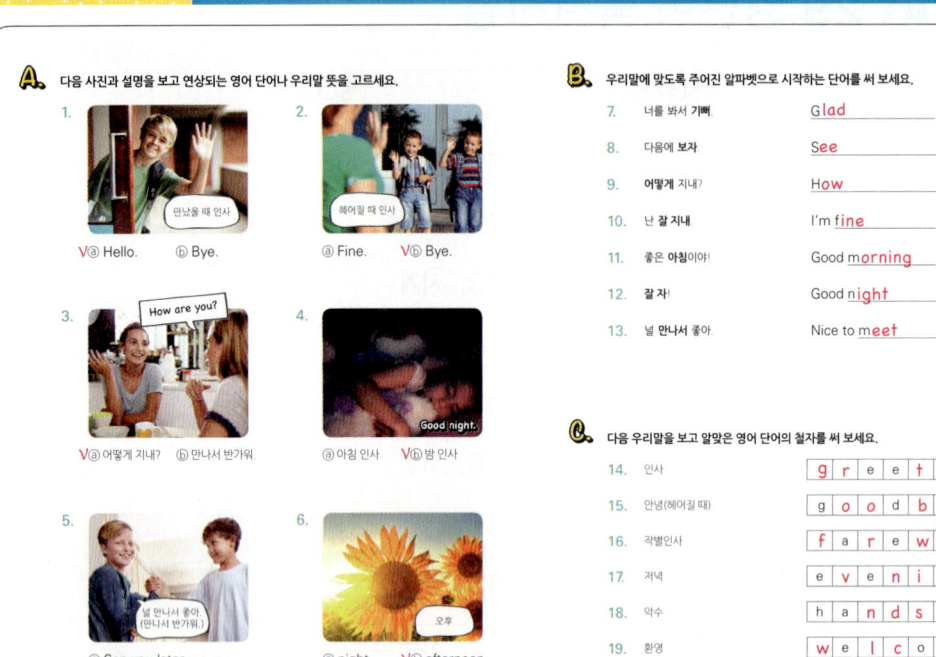

DAY 01 Hi~ Hello!   p. 6

A. 다음 사진과 설명을 보고 연상되는 영어 단어나 우리말 뜻을 고르세요.

1. 만났을 때 인사 — √ⓐ Hello. ⓑ Bye.
2. 헤어질 때 인사 — ⓐ Fine. √ⓑ Bye.
3. How are you? — √ⓐ 어떻게 지내? ⓑ 만나서 반가워.
4. Good night. — ⓐ 아침 인사 √ⓑ 밤 인사
5. 널 만나서 좋아. (만나서 반가워.) — ⓐ See you later. √ⓑ Nice to meet you.
6. 오후 — ⓐ night √ⓑ afternoon

B. 우리말에 맞도록 주어진 알파벳으로 시작하는 단어를 써 보세요.

7. 너를 봐서 **기뻐**.   **Glad** to see you.
8. 다음에 **보자**.   **See** you later.
9. **어떻게 지내**?   **How** are you?
10. 난 **잘 지내**.   I'm **fine**.
11. **좋은 아침**이야!   Good **morning**!
12. **잘 자**!   Good **night**!
13. 널 **만나서 좋아**.   Nice to **meet** you.

C. 다음 우리말을 보고 알맞은 영어 단어의 철자를 써 보세요.

14. 인사 — g r e e t i n g
15. 안녕(헤어질 때) — g o o d b y e
16. 작별인사 — f a r e w e l l
17. 저녁 — e v e n i n g
18. 악수 — h a n d s h a k e
19. 환영 — w e l c o m e
20. 오후 — a f t e r n o o n

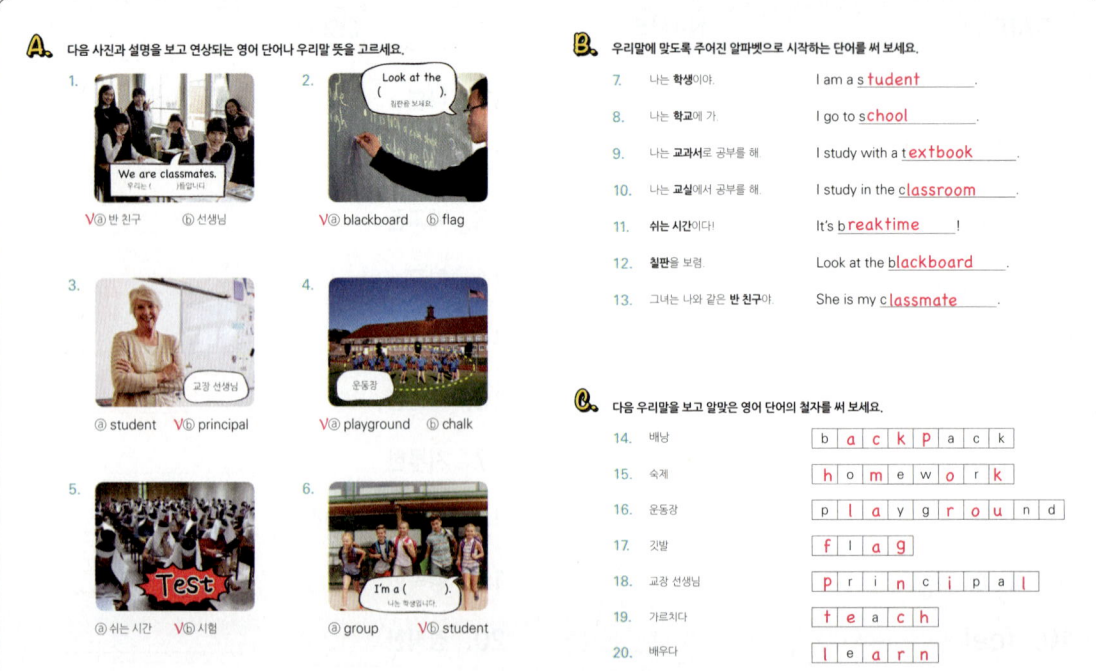

DAY 02 We go to school.   p. 12

A. 다음 사진과 설명을 보고 연상되는 영어 단어나 우리말 뜻을 고르세요.

1. We are classmates. 우리는 반 친구입니다. — √ⓐ 반 친구 ⓑ 선생님
2. Look at the ( ). 칠판을 보세요. — √ⓐ blackboard ⓑ flag
3. 교장 선생님 — ⓐ student √ⓑ principal
4. 운동장 — √ⓐ playground ⓑ chalk
5. Test — ⓐ 쉬는 시간 √ⓑ 시험
6. I'm a ( ). 나는 학생입니다. — ⓐ group √ⓑ student

B. 우리말에 맞도록 주어진 알파벳으로 시작하는 단어를 써 보세요.

7. 나는 **학생**이야.   I am a s**tudent**.
8. 나는 **학교**에 가.   I go to s**chool**.
9. 나는 **교과서**로 공부를 해.   I study with a t**extbook**.
10. 나는 **교실**에서 공부를 해.   I study in the c**lassroom**.
11. **쉬는 시간**이다!   It's b**reaktime**!
12. **칠판**을 보렴.   Look at the b**lackboard**.
13. 그녀는 나와 같은 **반 친구**야.   She is my c**lassmate**.

C. 다음 우리말을 보고 알맞은 영어 단어의 철자를 써 보세요.

14. 배낭 — b a c k P a c k
15. 숙제 — h o m e w o r k
16. 운동장 — p l a y g r o u n d
17. 깃발 — f l a g
18. 교장 선생님 — P r i n c i p a l
19. 가르치다 — t e a c h
20. 배우다 — l e a r n

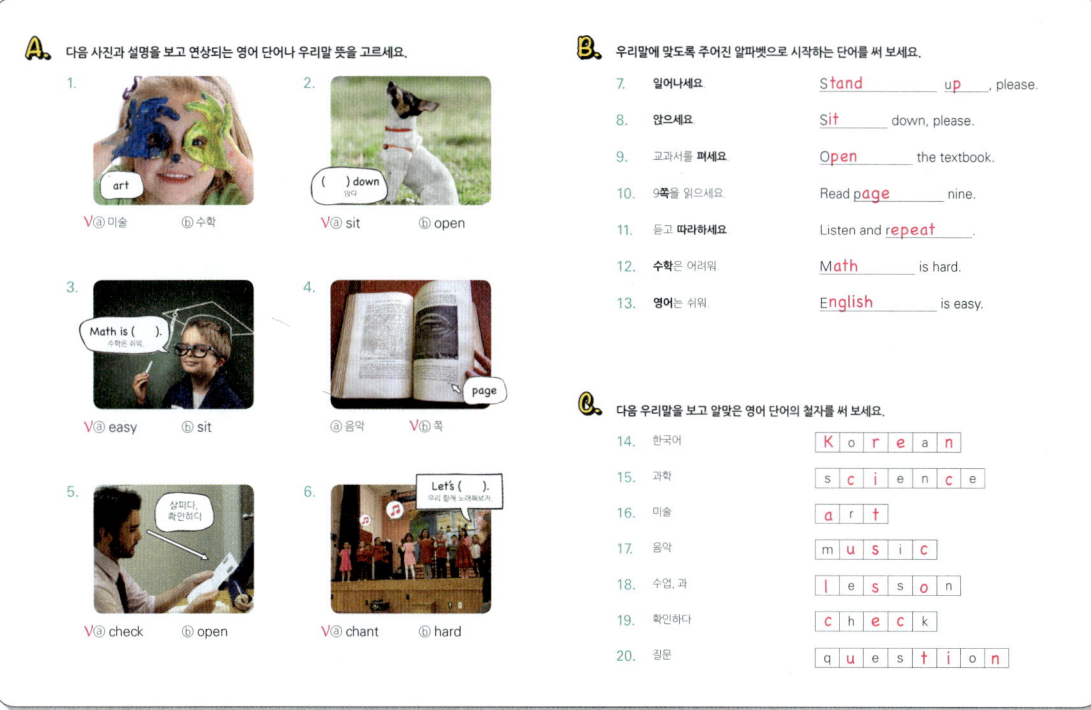

A. 다음 사진과 설명을 보고 연상되는 영어 단어나 우리말 뜻을 고르세요.

1. art
   V ⓐ 미술　　ⓑ 수학

2. ( ) down　않다
   V ⓐ sit　　ⓑ open

3. Math is ( ).　수학은 쉬워
   V ⓐ easy　　ⓑ sit

4. page
   ⓐ 음악　　V ⓑ 쪽

5. 살피다, 확인하다
   V ⓐ check　　ⓑ open

6. Let's ( ).　우리 함께 노래해보자
   V ⓐ chant　　ⓑ hard

B. 우리말에 맞도록 주어진 알파벳으로 시작하는 단어를 써 보세요.

7. 일어나세요　Stand up, please.
8. 앉으세요　Sit down, please.
9. 교과서를 펴세요　Open the textbook.
10. 9쪽을 읽으세요　Read page nine.
11. 듣고 따라하세요　Listen and repeat.
12. 수학은 어려워　Math is hard.
13. 영어는 쉬워　English is easy.

C. 다음 우리말을 보고 알맞은 영어 단어의 철자를 써 보세요.

14. 한국어　K o r e a n
15. 과학　s c i e n c e
16. 미술　a r t
17. 음악　m u s i c
18. 수업, 과　l e s s o n
19. 확인하다　c h e c k
20. 질문　q u e s t i o n

DAY 04　Do you have an eraser?　p. 24

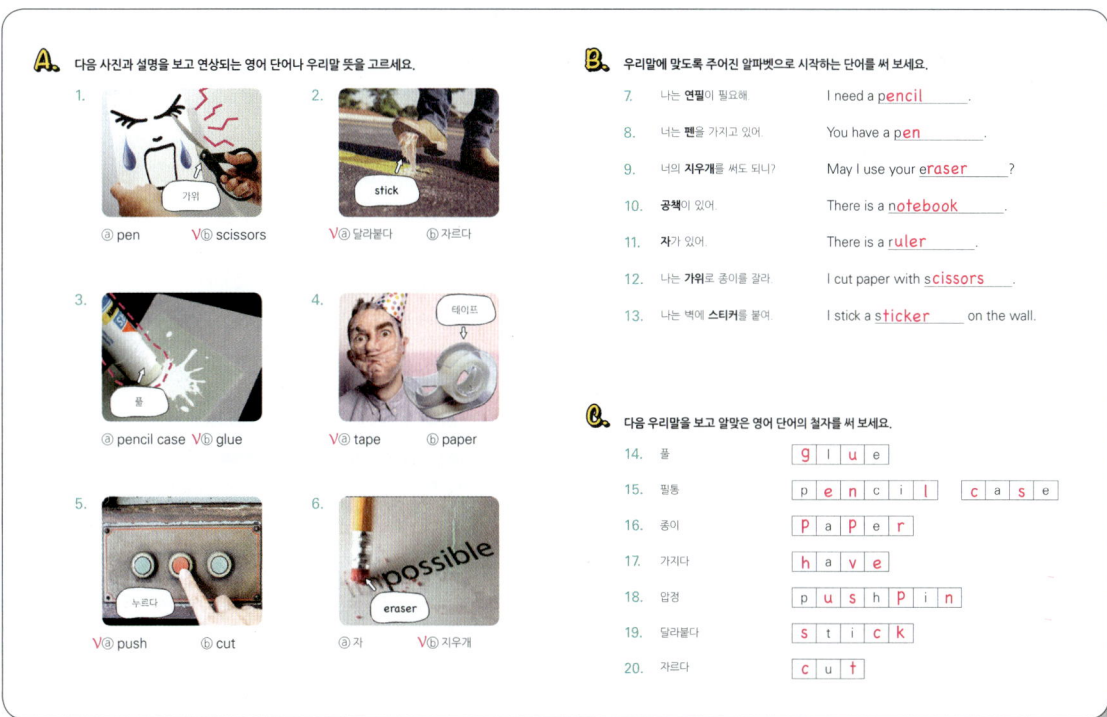

A. 다음 사진과 설명을 보고 연상되는 영어 단어나 우리말 뜻을 고르세요.

1. 가위
   ⓐ pen　　V ⓑ scissors

2. stick
   V ⓐ 달라붙다　　ⓑ 자르다

3. 풀
   ⓐ pencil case　V ⓑ glue

4. 테이프
   V ⓐ tape　　ⓑ paper

5. 누르다
   V ⓐ push　　ⓑ cut

6. possible　eraser
   ⓐ 자　　V ⓑ 지우개

B. 우리말에 맞도록 주어진 알파벳으로 시작하는 단어를 써 보세요.

7. 나는 연필이 필요해.　I need a pencil.
8. 너는 펜을 가지고 있어.　You have a pen.
9. 너의 지우개를 써도 되니?　May I use your eraser?
10. 공책이 있어.　There is a notebook.
11. 자가 있어.　There is a ruler.
12. 나는 가위로 종이를 잘라.　I cut paper with scissors.
13. 나는 벽에 스티커를 붙여.　I stick a sticker on the wall.

C. 다음 우리말을 보고 알맞은 영어 단어의 철자를 써 보세요.

14. 풀　g l u e
15. 필통　p e n c i l   c a s e
16. 종이　p a p e r
17. 가지다　h a v e
18. 압정　p u s h p i n
19. 달라붙다　s t i c k
20. 자르다　c u t

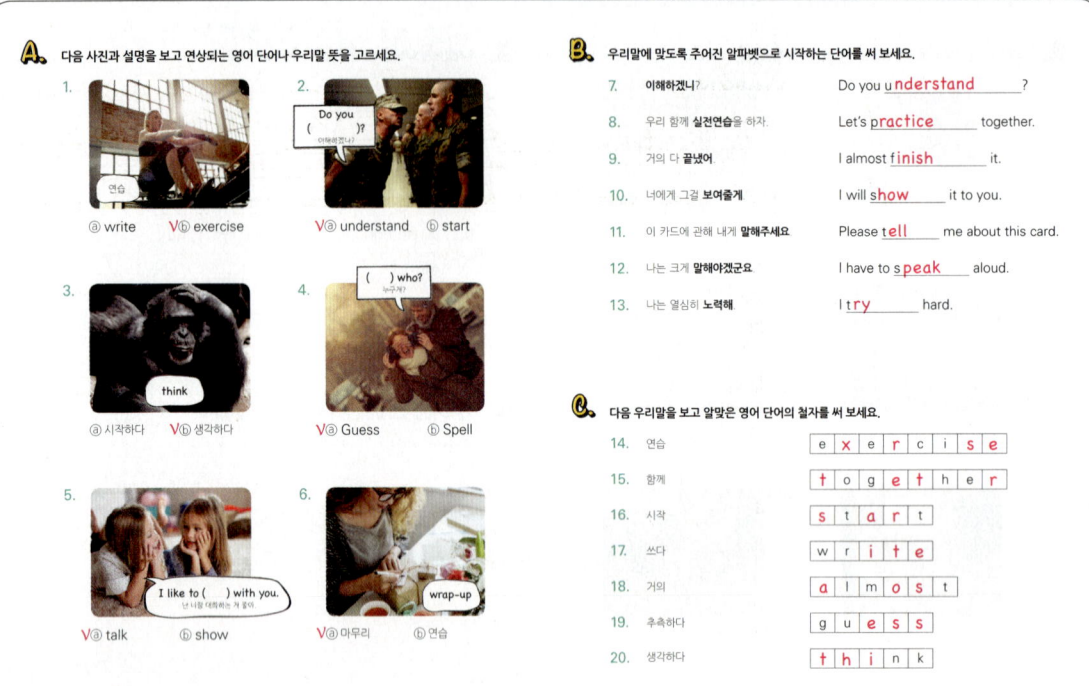

A. 다음 사진과 설명을 보고 연상되는 영어 단어나 우리말 뜻을 고르세요.

1. 연습
   ⓐ write Ⓥⓑ exercise

2. Do you ( )? (이해하겠니?)
   Ⓥⓐ understand ⓑ start

3. think
   ⓐ 시작하다 Ⓥⓑ 생각하다

4. ( ) who? (누구지?)
   Ⓥⓐ Guess ⓑ Spell

5. I like to ( ) with you. (난 너랑 대화하는 게 좋아.)
   Ⓥⓐ talk ⓑ show

6. wrap-up
   Ⓥⓐ 마무리 ⓑ 연습

B. 우리말에 맞도록 주어진 알파벳으로 시작하는 단어를 써 보세요.

7. 이해하겠니? Do you u**nderstand**?

8. 우리 함께 **실전연습**을 하자. Let's p**ractice** together.

9. 거의 다 **끝냈어**. I almost f**inish** it.

10. 너에게 그걸 **보여줄게** I will s**how** it to you.

11. 이 카드에 관해 내게 **말해주세요**. Please t**ell** me about this card.

12. 나는 크게 **말해야겠군요**. I have to s**peak** aloud.

13. 나는 열심히 **노력해** I t**ry** hard.

C. 다음 우리말을 보고 알맞은 영어 단어의 철자를 써 보세요.

14. 연습 | e | x | e | r | c | i | s | e |
15. 함께 | t | o | g | e | t | h | e | r |
16. 시작 | s | t | a | r | t |
17. 쓰다 | w | r | i | t | e |
18. 거의 | a | l | m | o | s | t |
19. 추측하다 | g | u | e | s | s |
20. 생각하다 | t | h | i | n | k |

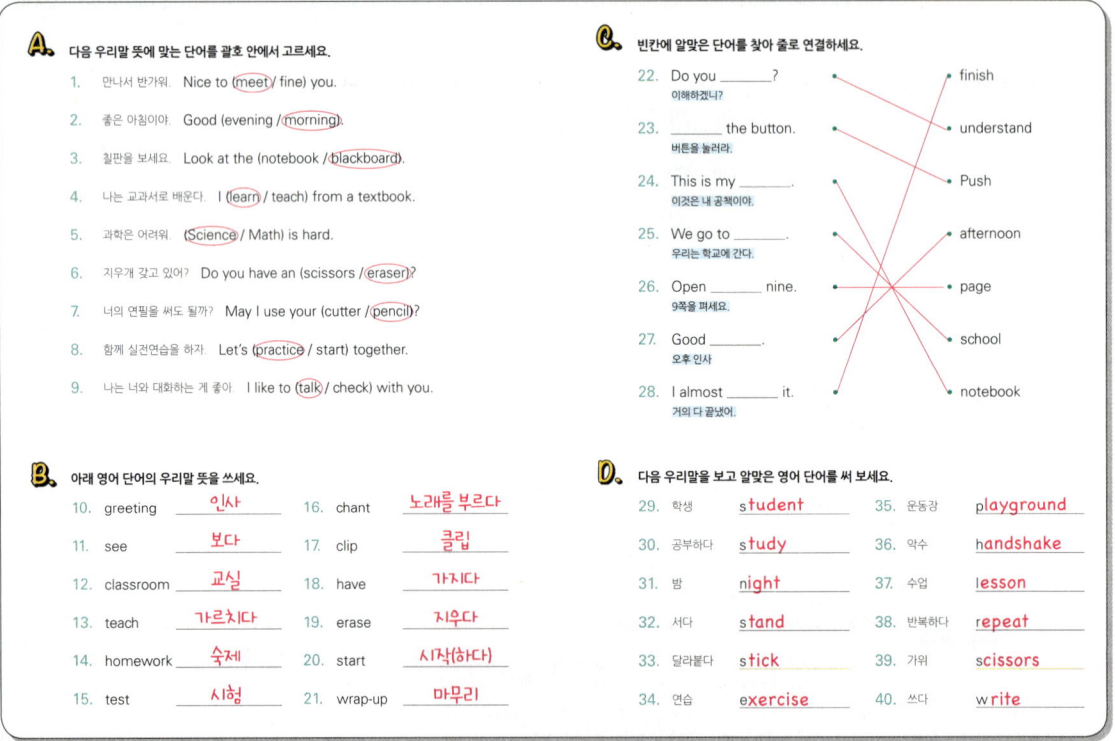

A. 다음 우리말 뜻에 맞는 단어를 괄호 안에서 고르세요.

1. 만나서 반가워 Nice to (meet / fine) you.
2. 좋은 아침이야. Good (evening / morning).
3. 칠판을 보세요. Look at the (notebook / blackboard).
4. 나는 교과서로 배운다. I (learn / teach) from a textbook.
5. 과학은 어려워. (Science / Math) is hard.
6. 지우개 갖고 있어? Do you have an (scissors / eraser)?
7. 너의 연필을 써도 될까? May I use your (cutter / pencil)?
8. 함께 실전연습을 하자. Let's (practice / start) together.
9. 나는 너와 대화하는 게 좋아. I like to (talk / check) with you.

B. 아래 영어 단어의 우리말 뜻을 쓰세요.

10. greeting 인사
11. see 보다
12. classroom 교실
13. teach 가르치다
14. homework 숙제
15. test 시험
16. chant 노래를 부르다
17. clip 클립
18. have 가지다
19. erase 지우다
20. start 시작(하다)
21. wrap-up 마무리

C. 빈칸에 알맞은 단어를 찾아 줄로 연결하세요.

22. Do you _____? (이해하겠니?) — understand
23. _____ the button. (버튼을 눌러라.) — Push
24. This is my _____. (이것은 내 공책이야.) — notebook
25. We go to _____. (우리는 학교에 간다.) — school
26. Open _____ nine. (9쪽을 펴세요.) — page
27. Good _____. (오후 인사) — afternoon
28. I almost _____ it. (거의 다 끝냈어.) — finish

D. 다음 우리말을 보고 알맞은 영어 단어를 써 보세요.

29. 학생 student
30. 공부하다 study
31. 밤 night
32. 서다 stand
33. 달라붙다 stick
34. 연습 exercise
35. 운동장 playground
36. 악수 handshake
37. 수업 lesson
38. 반복하다 repeat
39. 가위 scissors
40. 쓰다 w**rite**

A. 다음 사진과 설명을 보고 연상되는 영어 단어나 우리말 뜻을 고르세요.

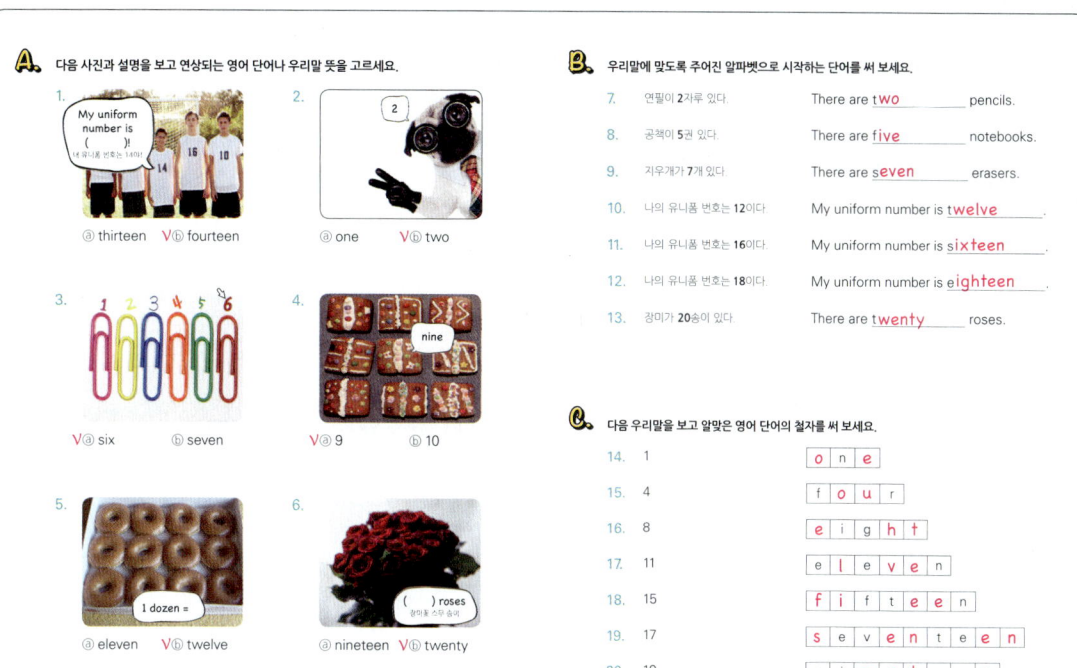

1. My uniform number is (　)!
   ⓐ thirteen　✔ⓑ fourteen

2. ⓐ one　✔ⓑ two

3. ✔ⓐ six　ⓑ seven

4. nine
   ✔ⓐ 9　ⓑ 10

5. 1 dozen =
   ⓐ eleven　✔ⓑ twelve

6. (　) roses
   ⓐ nineteen　✔ⓑ twenty

B. 우리말에 맞도록 주어진 알파벳으로 시작하는 단어를 써 보세요.

7. 연필이 2자루 있다. There are t**wo** pencils.
8. 공책이 5권 있다. There are f**ive** notebooks.
9. 지우개가 7개 있다. There are s**even** erasers.
10. 나의 유니폼 번호는 12이다. My uniform number is t**welve**.
11. 나의 유니폼 번호는 16이다. My uniform number is s**ixteen**.
12. 나의 유니폼 번호는 18이다. My uniform number is e**ighteen**.
13. 장미가 20송이 있다. There are t**wenty** roses.

C. 다음 우리말을 보고 알맞은 영어 단어의 철자를 써 보세요.

14. 1 ｜o｜n｜e｜
15. 4 ｜f｜o｜u｜r｜
16. 8 ｜e｜i｜g｜h｜t｜
17. 11 ｜e｜l｜e｜v｜e｜n｜
18. 15 ｜f｜i｜f｜t｜e｜e｜n｜
19. 17 ｜s｜e｜v｜e｜n｜t｜e｜e｜n｜
20. 19 ｜n｜i｜n｜e｜t｜e｜e｜n｜

A. 다음 사진과 설명을 보고 연상되는 영어 단어나 우리말 뜻을 고르세요.

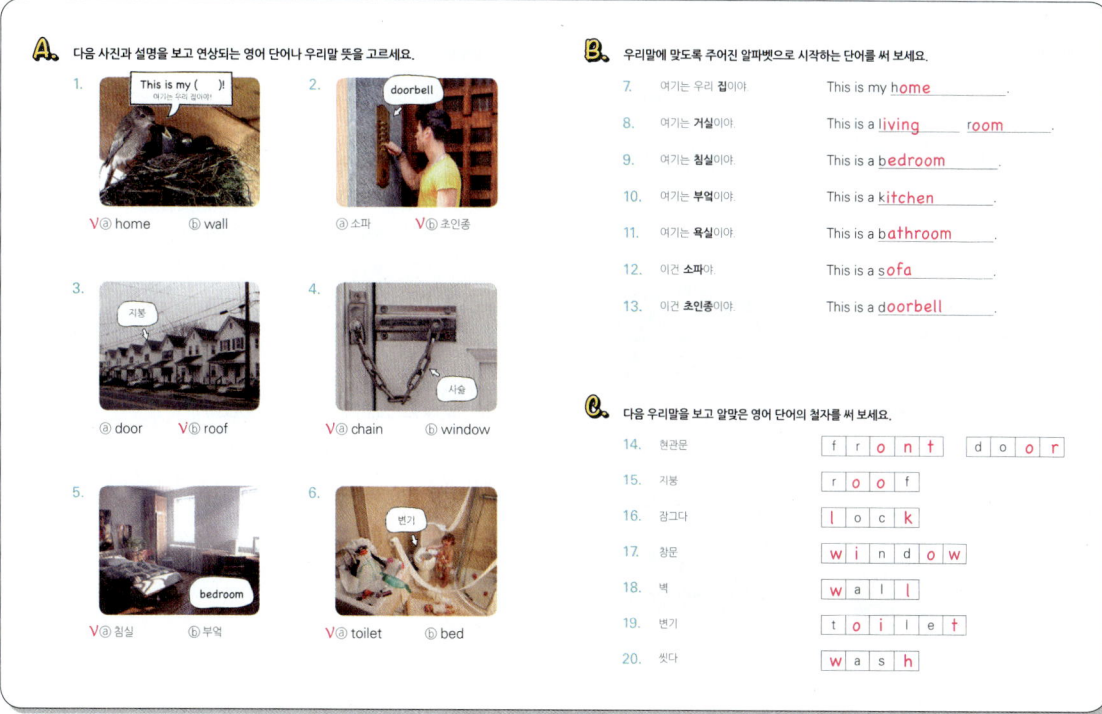

1. This is my (　)!
   ✔ⓐ home　ⓑ wall

2. doorbell
   ⓐ 소파　✔ⓑ 초인종

3. 지붕
   ⓐ door　✔ⓑ roof

4. 사슬
   ✔ⓐ chain　ⓑ window

5. bedroom
   ✔ⓐ 침실　ⓑ 부엌

6. 변기
   ✔ⓐ toilet　ⓑ bed

B. 우리말에 맞도록 주어진 알파벳으로 시작하는 단어를 써 보세요.

7. 여기는 우리 집이야. This is my h**ome**.
8. 여기는 거실이야. This is a l**iving** room.
9. 여기는 침실이야. This is a b**edroom**.
10. 여기는 부엌이야. This is a k**itchen**.
11. 여기는 욕실이야. This is a b**athroom**.
12. 이건 소파야. This is a s**ofa**.
13. 이건 초인종이야. This is a d**oorbell**.

C. 다음 우리말을 보고 알맞은 영어 단어의 철자를 써 보세요.

14. 현관문 ｜f｜r｜o｜n｜t｜ ｜d｜o｜o｜r｜
15. 지붕 ｜r｜o｜o｜f｜
16. 잠그다 ｜l｜o｜c｜k｜
17. 창문 ｜w｜i｜n｜d｜o｜w｜
18. 벽 ｜w｜a｜l｜l｜
19. 변기 ｜t｜o｜i｜l｜e｜t｜
20. 씻다 ｜w｜a｜s｜h｜

A. 다음 사진과 설명을 보고 연상되는 영어 단어나 우리말 뜻을 고르세요.

1.

bunk bed
ⓐ 1인용 침대　V ⓑ 2층 침대

2.

(　　　) the drawer.
서랍을 닫으세요.
V ⓐ Close　　ⓑ Put

3.

담요
ⓐ drawer　V ⓑ blanket

4.

돼지 저금통
V ⓐ piggy bank　ⓑ closet

5.

선반
V ⓐ shelf　　ⓑ sheet

6.

desk
V ⓐ 책상　ⓑ 베개

B. 우리말에 맞도록 주어진 알파벳으로 시작하는 단어를 써 보세요.

7. 이건 돼지 저금통이야.　This is a piggy　bank.
8. 이건 거울이야.　This is a mirror.
9. 이건 담요야.　This is a blanket.
10. 이건 베개야.　This is a pillow.
11. 이건 탁자야.　This is a table.
12. 이건 책상이야.　This is a desk.
13. 이건 선반이야.　This is a shelf.

C. 다음 우리말을 보고 알맞은 영어 단어의 철자를 써 보세요.

14. 넣다　p u t
15. 동전　c o i n
16. 의자　c h a i r
17. 닫다　c l o s e
18. 책꽂이　b o o k s h e l f
19. 서랍　d r a w e r
20. 옷장　c l o s e t

A. 다음 사진과 설명을 보고 연상되는 영어 단어나 우리말 뜻을 고르세요.

1.

This is my (　)!
나의 가족입니다!
V ⓐ family　ⓑ son

2.

형제자매
ⓐ dad　V ⓑ sibling

3.

parents
V ⓐ 부모님　ⓑ 손녀

4.

She is my (　).
그녀는 나의 언니입니다.
ⓐ brother　V ⓑ sister

5.

조부모
V ⓐ grandparents
ⓑ granddaughter

6.

son
V ⓐ 아들　ⓑ 딸

B. 우리말에 맞도록 주어진 알파벳으로 시작하는 단어를 써 보세요.

7. 이 사람들은 나의 가족입니다.　This is my family.
8. 이 사람은 나의 남편입니다.　This is my husband.
9. 이 사람은 나의 아버지입니다.　This is my father.
10. 이 사람은 나의 할아버지입니다.　This is my grandfather.
11. 이 사람은 나의 할머니입니다.　This is my grandmother.
12. 이 사람은 나의 형입니다.　This is my brother.
13. 이 사람은 나의 언니입니다.　This is my sister.

C. 다음 우리말을 보고 알맞은 영어 단어의 철자를 써 보세요.

14. 형제자매　s i b l i n g
15. 어른　a d u l t
16. 아내　w i f e
17. 부모님　P a r e n t s
18. 아들　s o n
19. 딸　d a u g h t e r
20. 누구　w h o

A. 다음 사진과 설명을 보고 연상되는 영어 단어나 우리말 뜻을 고르세요.

1.
I don't like (　)s.
남 채소를 좋아하지 않아
ⓐ meat　✓ⓑ vegetable

2.
소고기
✓ⓐ beef　ⓑ sugar

3.
pork
✓ⓐ 돼지고기　ⓑ 닭고기

4.
설탕
ⓐ salt　✓ⓑ sugar

5.
salt
✓ⓐ 소금　ⓑ 차

6.
We are (　)s!
우리는 과일들이야.
ⓐ milk　✓ⓑ fruit

B. 우리말에 맞도록 주어진 알파벳으로 시작하는 단어를 써 보세요.

7. 나는 **채소**를 좋아하지 않아.　I don't like v**egetable**s.
8. 나는 **닭고기**를 좋아해.　I like c**hicken**.
9. 나는 **우유**를 좋아해.　I like m**ilk**.
10. 나는 **과일**을 좋아해.　I like f**ruit**s.
11. 나는 음식을 **먹는다**.　I e**at** food.
12. 나는 주스를 **마신다**.　I d**rink** juice.
13. 나는 빵을 **원한다**.　I w**ant** bread.

C. 다음 우리말을 보고 알맞은 영어 단어의 철자를 써 보세요.

14. 숟가락　s P o o n
15. 빵　b r e a d
16. 햄버거　h a m b u r g e r
17. 고기　m e a t
18. 설탕　s u g a r
19. 달콤한　s w e e t
20. 차　t e a

A. 다음 우리말 뜻에 맞는 단어를 괄호 안에서 고르세요.

1. 공책이 세 권 있다.　There are (three / four) notebooks.
2. 7채의 집이 있어.　There are 7 (houses / roofs).
3. 여기는 부엌이야.　This is a (living room / kitchen).
4. 이건 서랍이야.　This is a (shelf / drawer).
5. 이건 옷장이야.　This is a (closet / mirror).
6. 이 사람은 나의 남동생이야.　This is my (brother / sister).
7. 나의 가족을 소개할게요.　Let me introduce my (family / parents).
8. 나는 우유를 좋아해.　I like (tea / milk).
9. 나는 그것에 설탕을 넣어.　I put (sugar / salt) in it.

B. 아래 영어 단어의 우리말 뜻을 쓰세요.

10. fifteen　열다섯
11. window　창문
12. desk　책상
13. blanket　담요
14. daughter　딸
15. bread　빵
16. ten　열
17. bathroom　욕실
18. chair　의자
19. son　아들
20. sibling　형제자매
21. meat　고기

C. 빈칸에 알맞은 단어를 찾아 줄로 연결하세요.

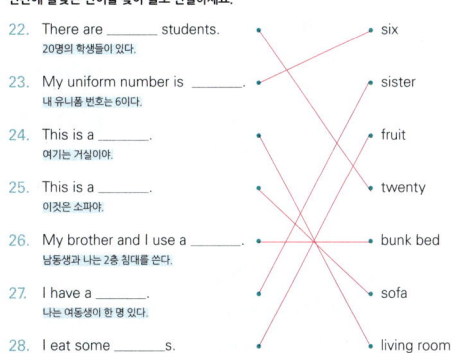

22. There are ＿＿＿ students.
20명의 학생들이 있다.
23. My uniform number is ＿＿＿.
내 유니폼 번호는 6이다.
24. This is a ＿＿＿.
여기는 거실이야.
25. This is a ＿＿＿.
이것은 소파야.
26. My brother and I use a ＿＿＿.
남동생과 나는 2층 침대를 쓴다.
27. I have a ＿＿＿.
나는 여동생이 한 명 있다.
28. I eat some ＿＿＿s.
나는 약간의 과일을 먹는다.

six
sister
fruit
twenty
bunk bed
sofa
living room

D. 다음 우리말을 보고 알맞은 영어 단어를 써 보세요.

29. 8　eight
30. 변기　toilet
31. 선반　shelf
32. 베개　pillow
33. 아내　wife
34. 채소　vegetable
35. 12　twelve
36. 문　door
37. 거울　mirror
38. 남편　husband
39. 달콤한　sweet
40. 원하다　want

A. 다음 사진과 설명을 보고 연상되는 영어 단어나 우리말 뜻을 고르세요.

1.
castle
ⓐ 하늘   V ⓑ 성

2.
crystal shoes
V ⓐ 유리 구두   ⓑ 수정구

3.
You are ( ).
너희들은 난쟁이들이구나
V ⓐ dwarf   ⓑ poison

4.
( ) a crystal ball
수정구를 만지다
ⓐ mix   V ⓑ touch

5.
마녀
V ⓐ witch   ⓑ princess

6.
왕국
ⓐ king   V ⓑ kingdom

B. 우리말에 맞도록 주어진 알파벳으로 시작하는 단어를 써 보세요.

7. 한 **공주**가 살고 있었다.   There lived a p<u>rincess</u>.
8. 나는 그 **성**에 살고 있어.   I live in the c<u>astle</u>.
9. 내 **유리 구두**가 벗겨졌어.   My c<u>rystal</u> s<u>hoes</u> slipped off.
10. 나에겐 **새어머니**가 있어.   I have a s<u>tepmother</u>.
11. 나는 신데렐라가 **미워**.   I h<u>ate</u> Cinderella.
12. 나는 **독사과**를 만들어.   I make a p<u>oison</u> apple.
13. 나는 수정구를 **만진다**.   I t<u>ouch</u> a crystal ball.

C. 다음 우리말을 보고 알맞은 영어 단어의 철자를 써 보세요.

14. 난쟁이   d w a r f
15. 마녀   w i t c h
16. 섞다   m i x
17. 왕   k i n g
18. 여왕   q u e e n
19. 왕자   p r i n c e
20. 오래 전에   a l o n g t i m e a g o

A. 다음 사진과 설명을 보고 연상되는 영어 단어나 우리말 뜻을 고르세요.

1.
I'm ( ).
난 잘생겼어.
ⓐ ugly   V ⓑ handsome

2.
The girl has short hair.
V ⓐ 소녀   ⓑ 긴 머리

3.
묶은 머리
V ⓐ ponytail   ⓑ tall

4.
I'm old but ( ).
나는 늙었지만 아름다워
V ⓐ beautiful   ⓑ young

5.
몸무게
V ⓐ weight   ⓑ height

6.
height
ⓐ 몸무게   V ⓑ 키

B. 우리말에 맞도록 주어진 알파벳으로 시작하는 단어를 써 보세요.

7. 그녀는 **예쁘다**.   She is p<u>retty</u>.
8. 그는 **잘생겼다**.   He is h<u>andsome</u>.
9. 소녀는 **짧은** 머리를 가졌다.   The girl has s<u>hort</u> hair.
10. 소년은 **긴 머리**를 가졌다.   The boy has l<u>ong</u> h<u>air</u>.
11. 그는 **젊다**.   He is y<u>oung</u>.
12. 그녀는 **늙었다**.   She is o<u>ld</u>.
13. 너는 나와 **비슷해** 보인다.   You look l<u>ike</u> me.

C. 다음 우리말을 보고 알맞은 영어 단어의 철자를 써 보세요.

14. 보기 좋은   g o o d - l o o k i n g
15. 묶은 머리   P o n y t a i l
16. 못생긴   u g l y
17. 키가 큰   t a l l
18. 보다, 보이다   l o o k
19. 몸무게   w e i g h t
20. 키   h e i g h t

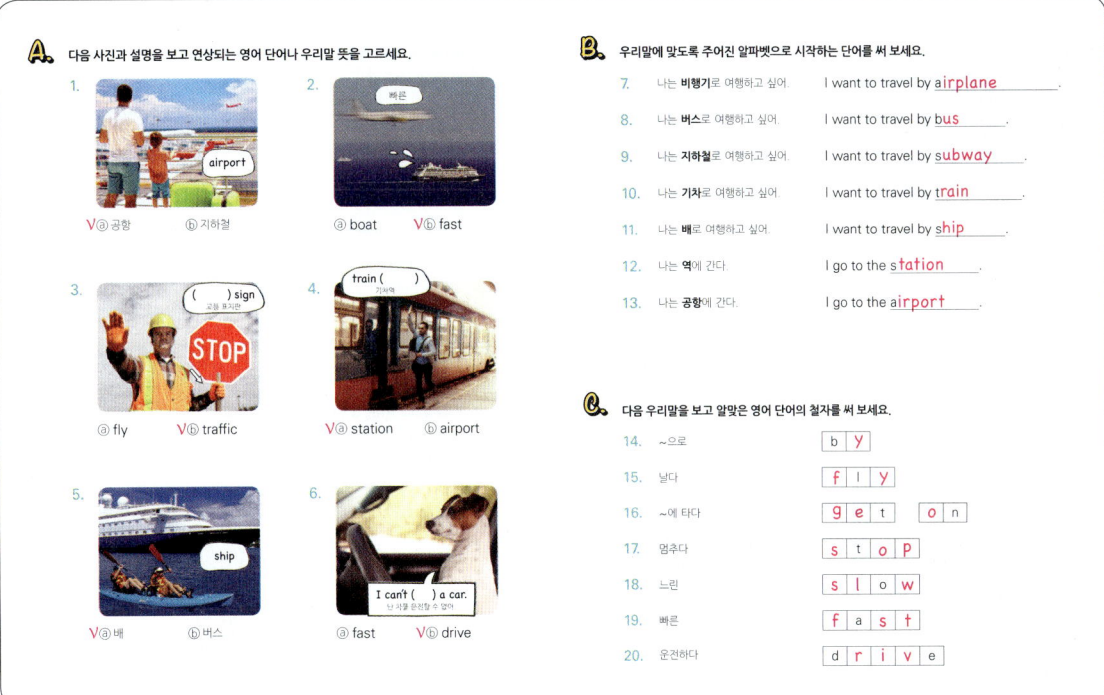

A. 다음 사진과 설명을 보고 연상되는 영어 단어나 우리말 뜻을 고르세요.

1.
airport
Ⓥⓐ 공항 ⓑ 지하철

2.
빠른
ⓐ boat Ⓥⓑ fast

3.
( ) sign
교통 표지판
STOP
ⓐ fly Ⓥⓑ traffic

4.
train ( )
기차역
Ⓥⓐ station ⓑ airport

5.
ship
Ⓥⓐ 배 ⓑ 버스

6.
I can't ( ) a car.
난 차를 운전할 수 없어
ⓐ fast Ⓥⓑ drive

B. 우리말에 맞도록 주어진 알파벳으로 시작하는 단어를 써 보세요.

7. 나는 **비행기**로 여행하고 싶어   I want to travel by a**irplane** .

8. 나는 **버스**로 여행하고 싶어   I want to travel by **bus** .

9. 나는 **지하철**로 여행하고 싶어   I want to travel by **subway** .

10. 나는 **기차**로 여행하고 싶어   I want to travel by **train** .

11. 나는 **배**로 여행하고 싶어.   I want to travel by **ship** .

12. 나는 **역**에 간다   I go to the s**tation** .

13. 나는 **공항**에 간다.   I go to the a**irport** .

C. 다음 우리말을 보고 알맞은 영어 단어의 철자를 써 보세요.

14. ~으로   b y
15. 날다   f l y
16. ~에 타다   g e t o n
17. 멈추다   s t o p
18. 느린   s l o w
19. 빠른   f a s t
20. 운전하다   d r i v e

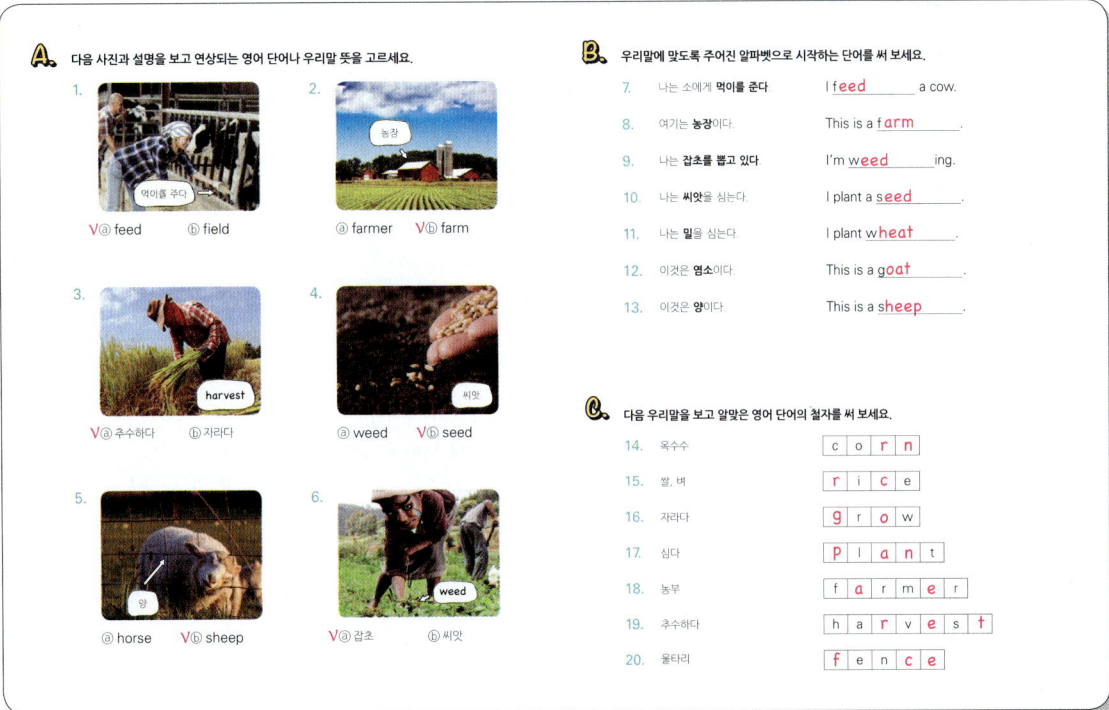

A. 다음 사진과 설명을 보고 연상되는 영어 단어나 우리말 뜻을 고르세요.

1.
먹이를 주다
Ⓥⓐ feed ⓑ field

2.
농장
ⓐ farmer Ⓥⓑ farm

3.
harvest
Ⓥⓐ 추수하다 ⓑ 자라다

4.
씨앗
ⓐ weed Ⓥⓑ seed

5.
양
ⓐ horse Ⓥⓑ sheep

6.
weed
Ⓥⓐ 잡초 ⓑ 씨앗

B. 우리말에 맞도록 주어진 알파벳으로 시작하는 단어를 써 보세요.

7. 나는 소에게 **먹이를 준다**   I f**eed** a cow.

8. 여기는 **농장**이다.   This is a f**arm** .

9. 나는 **잡초**를 뽑고 있다   I'm w**eed** ing.

10. 나는 **씨앗**을 심는다.   I plant a s**eed** .

11. 나는 **밀**을 심는다.   I plant w**heat** .

12. 이것은 **염소**이다.   This is a g**oat** .

13. 이것은 **양**이다.   This is a s**heep** .

C. 다음 우리말을 보고 알맞은 영어 단어의 철자를 써 보세요.

14. 옥수수   c o r n
15. 쌀, 벼   r i c e
16. 자라다   g r o w
17. 심다   P l a n t
18. 농부   f a r m e r
19. 추수하다   h a r v e s t
20. 울타리   f e n c e

A. 다음 사진과 설명을 보고 연상되는 영어 단어나 우리말 뜻을 고르세요.

1. entrance
   V ⓐ 입구 ⓑ 거대한

2. It's very ( )! 아 정말 신난다!
   V ⓐ exciting ⓑ swing

3. wow~ It's ( )! 재밌어
   V ⓐ fun ⓑ ride

4. crowd
   ⓐ 재미 V ⓑ 군중

5. 놀이공원
   V ⓐ amusement park ⓑ enter

6. 회전목마
   V ⓐ merry-go-round ⓑ roller coaste

B. 우리말에 맞도록 주어진 알파벳으로 시작하는 단어를 써 보세요.

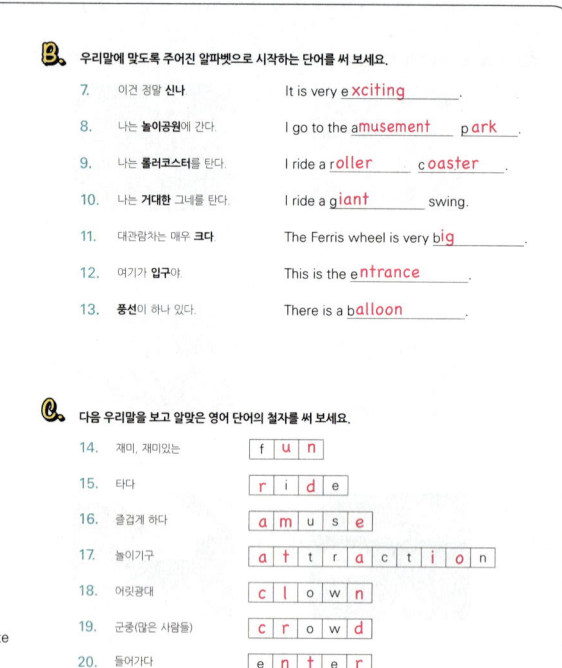

7. 이건 정말 **신나** It is very e xciting .
8. 나는 **놀이공원**에 간다. I go to the amusement p ark .
9. 나는 **롤러코스터**를 탄다. I ride a roller c oaster .
10. 나는 **거대한** 그네를 탄다. I ride a g iant swing.
11. 대관람차는 매우 **크다**. The Ferris wheel is very b ig .
12. 여기가 **입구**야. This is the e ntrance .
13. **풍선**이 하나 있다. There is a b alloon .

C. 다음 우리말을 보고 알맞은 영어 단어의 철자를 써 보세요.

14. 재미, 재미있는 | f | u | n |
15. 타다 | r | i | d | e |
16. 즐겁게 하다 | a | m | u | s | e |
17. 놀이기구 | a | t | t | r | a | c | t | i | o | n |
18. 어릿광대 | c | l | o | w | n |
19. 군중(많은 사람들) | c | r | o | w | d |
20. 들어가다 | e | n | t | e | r |

DAY 11~15 OVERALL TEST p. 96

A. 다음 우리말 뜻에 맞는 단어를 괄호 안에서 고르세요.

1. 한 공주가 살고 있었다. There lived a (princess / prince).
2. 나는 성에 살고 있다. I live in a (kingdom / castle).
3. 그는 젊다. He is (young / old).
4. 그녀는 늙었다. She is (young / old).
5. 나는 기차로 여행하고 싶다. I want to travel by (bus / train).
6. 나는 공항에 간다. I go to the (airport / station).
7. 이것은 양이다. This is a (sheep / goat).
8. 이것은 말이다. This is a (cow / horse).
9. 여기가 입구이다. This is the (wheel / entrance).

B. 아래 영어 단어의 우리말 뜻을 쓰세요.

10. ago 전에
11. pretty 예쁜
12. ugly 못생긴
13. traffic 교통
14. cow 소
15. fun 재미 / 재미있는
16. hate 미워하다
17. handsome 잘생긴
18. airplane 비행기
19. boat 보트
20. grow 자라다
21. crowd 군중

C. 빈칸에 알맞은 단어를 찾아 줄로 연결하세요.

22. I have a _____. 나에게는 새어머니가 있어.
23. I make a _____ apple. 나는 독사과를 만들어.
24. He is _____. 그는 키가 작다.
25. She is _____. 그녀는 아름답다.
26. I have to _____ this train. 나는 이 기차를 타야만 한다.
27. I am a _____. 나는 농부이다.
28. It's very _____. 이건 정말 신난다.

- exciting
- short
- stepmother
- farmer
- poison
- take
- beautiful

D. 다음 우리말을 보고 알맞은 영어 단어를 써 보세요.

29. 만지다 touch
30. 보다, 보이다 look
31. 날다 fly
32. 느린 slow
33. 심다 plant
34. 거대한 giant
35. 왕 king
36. ~와 비슷한 like
37. 빠른 fast
38. 들판 field
39. 먹이를 주다 feed
40. 풍선 b alloon

DAY 16 — The elephant is big. p. 102

A. 다음 사진과 설명을 보고 연상되는 영어 단어나 우리말 뜻을 고르세요.

1.
코끼리
V ⓐ elephant　ⓑ giraffe

2.
I'm the king of ( )s.
난 동물의 왕이야
V ⓐ animal　ⓑ tiger

3.
녹대
V ⓐ wolf　ⓑ tiger

4.
I'm a ( ).
나는 여우야
ⓐ zebra　V ⓑ fox

5.
고래
V ⓐ whale　ⓑ deer

6.
I'm a ( )!
나는 사육사야!
ⓐ zoo　V ⓑ zookeeper

B. 우리말에 맞도록 주어진 알파벳으로 시작하는 단어를 써 보세요.

7. 이건 얼룩말이야.　This is a zebra .
8. 이건 기린이야.　This is a giraffe .
9. 이건 사자야.　This is a lion .
10. 이건 호랑이야.　This is a tiger .
11. 이건 곰이야.　This is a bear .
12. 이건 박쥐야.　This is a bat .
13. 이건 사슴이야.　This is a deer .

C. 다음 우리말을 보고 알맞은 영어 단어의 철자를 써 보세요.

14. 동물　a n i m a l
15. 코끼리　e l e p h a n t
16. 녹대　w o l f
17. 작은　s m a l l
18. 고래　w h a l e
19. 동물원　z o o
20. 쥐　m o u s e

DAY 17 — The grasshopper can jump high. p. 108

A. 다음 사진과 설명을 보고 연상되는 영어 단어나 우리말 뜻을 고르세요.

1.
귀뚜라미
V ⓐ cricket　ⓑ ant

2.
나비
ⓐ bee　V ⓑ butterfly

3.
I make a ( ) web.
난 거미줄을 만들지.
ⓐ larva　V ⓑ spider

4.
Where is a moth?
나방 어디 있음?
V ⓐ 나방　ⓑ 벌

5.
The cockroach is gross.
( )는 징그러워.
ⓐ 딱정벌레　V ⓑ 바퀴벌레

6.
I'm a ( ).
난 무당벌레입니다.
ⓐ firefly　V ⓑ ladybug

B. 우리말에 맞도록 주어진 알파벳으로 시작하는 단어를 써 보세요.

7. 이건 메뚜기야.　This is a grasshopper .
8. 이건 나비야.　This is a butterfly .
9. 이건 벌이야.　This is a bee .
10. 이건 잠자리야.　This is a dragonfly .
11. 이건 지렁이야.　This is an earthworm .
12. 이건 무당벌레야.　This is a ladybug .
13. 이건 바퀴벌레야.　This is a cockroach .

C. 다음 우리말을 보고 알맞은 영어 단어의 철자를 써 보세요.

14. 곤충　i n s e c t
15. 벌레　b u g
16. 반딧불　f i r e f l y
17. 거미　s p i d e r
18. 개미　a n t
19. 뛰어오르다　j u m p
20. 징그러운　g r o s s

A. 다음 사진과 설명을 보고 연상되는 영어 단어나 우리말 뜻을 고르세요.

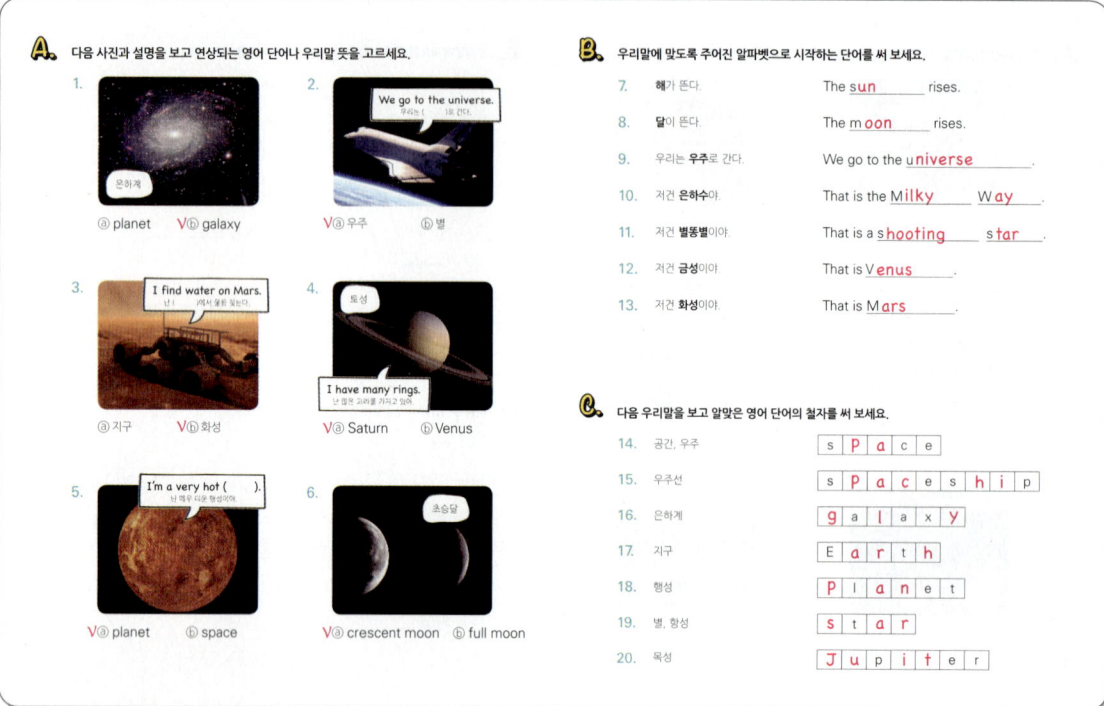

1. @ planet　✓ⓑ galaxy
2. ✓@ 우주　ⓑ 별
3. @ 지구　✓ⓑ 화성
4. ✓@ Saturn　ⓑ Venus
5. ✓@ planet　ⓑ space
6. ✓@ crescent moon　ⓑ full moon

B. 우리말에 맞도록 주어진 알파벳으로 시작하는 단어를 써 보세요.

7. 해가 뜬다.　The sun rises.
8. 달이 뜬다.　The moon rises.
9. 우리는 우주로 간다.　We go to the universe.
10. 저건 은하수야.　That is the Milky Way.
11. 저건 별똥별이야.　That is a shooting star.
12. 저건 금성이야.　That is Venus.
13. 저건 화성이야.　That is Mars.

C. 다음 우리말을 보고 알맞은 영어 단어의 철자를 써 보세요.

14. 공간, 우주　s P a c e
15. 우주선　s P a c e s h i p
16. 은하계　g a l a x y
17. 지구　E a r t h
18. 행성　P l a n e t
19. 별, 항성　s t a r
20. 목성　J u p i t e r

A. 다음 사진과 설명을 보고 연상되는 영어 단어나 우리말 뜻을 고르세요.

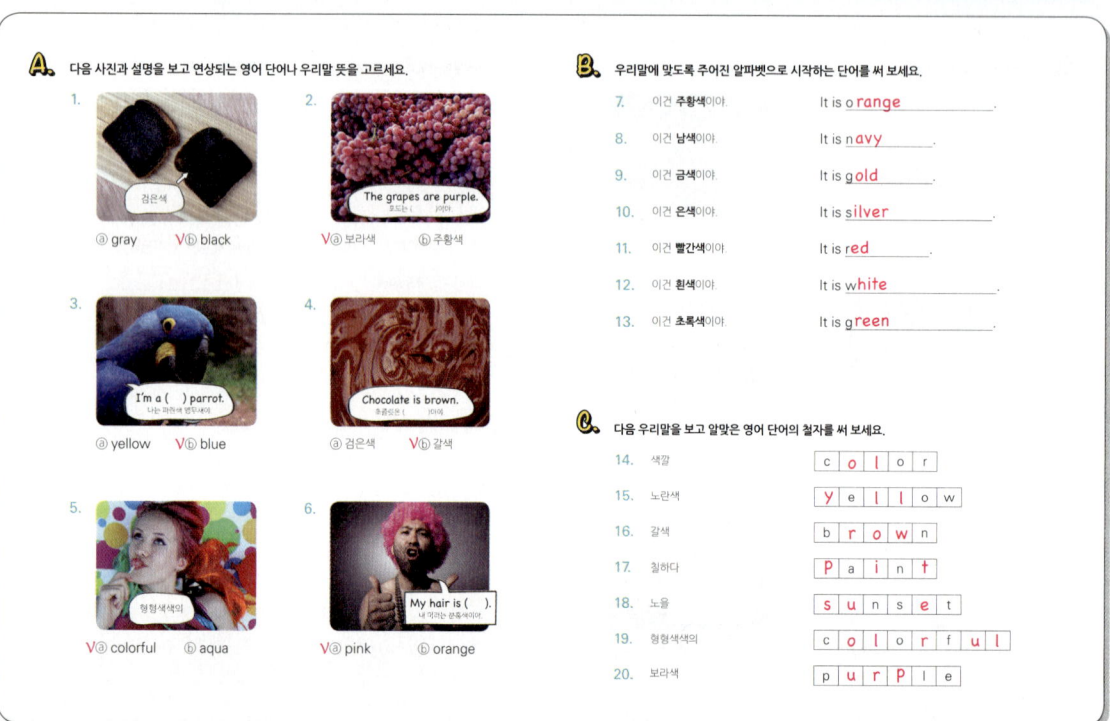

1. @ gray　✓ⓑ black
2. ✓@ 보라색　ⓑ 주황색
3. @ yellow　✓ⓑ blue
4. @ 검은색　✓ⓑ 갈색
5. ✓@ colorful　ⓑ aqua
6. ✓@ pink　ⓑ orange

B. 우리말에 맞도록 주어진 알파벳으로 시작하는 단어를 써 보세요.

7. 이건 주황색이야.　It is orange.
8. 이건 남색이야.　It is navy.
9. 이건 금색이야.　It is gold.
10. 이건 은색이야.　It is silver.
11. 이건 빨간색이야.　It is red.
12. 이건 흰색이야.　It is white.
13. 이건 초록색이야.　It is green.

C. 다음 우리말을 보고 알맞은 영어 단어의 철자를 써 보세요.

14. 색깔　c o l o r
15. 노란색　y e l l o w
16. 갈색　b r o w n
17. 칠하다　P a i n t
18. 노을　s u n s e t
19. 형형색색의　c o l o r f u l
20. 보라색　p u r P l e

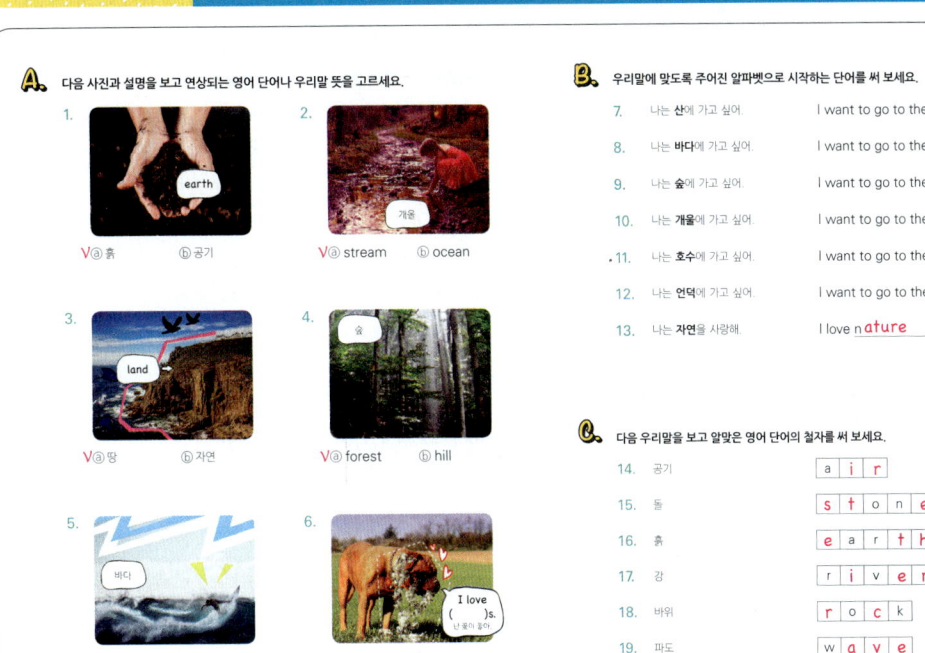

A. 다음 사진과 설명을 보고 연상되는 영어 단어나 우리말 뜻을 고르세요.

1. earth ✓ⓐ 흙　ⓑ 공기
2. 개울 ✓ⓐ stream　ⓑ ocean
3. land ✓ⓐ 땅　ⓑ 자연
4. 숲 ✓ⓐ forest　ⓑ hill
5. 바다 ⓐ cave　✓ⓑ sea
6. I love (ﾠ)s. ⓐ forest　✓ⓑ flower

B. 우리말에 맞도록 주어진 알파벳으로 시작하는 단어를 써 보세요.

7. 나는 산에 가고 싶어.　I want to go to the m ountain .
8. 나는 바다에 가고 싶어.　I want to go to the s ea .
9. 나는 숲에 가고 싶어.　I want to go to the f orest .
10. 나는 개울에 가고 싶어.　I want to go to the s tream .
11. 나는 호수에 가고 싶어.　I want to go to the l ake .
12. 나는 언덕에 가고 싶어.　I want to go to the h ill .
13. 나는 자연을 사랑해.　I love n ature .

C. 다음 우리말을 보고 알맞은 영어 단어의 철자를 써 보세요.

14. 공기　a i r
15. 돌　s t o n e
16. 흙　e a r t h
17. 강　r i v e r
18. 바위　r o c k
19. 파도　w a v e
20. 잔디　g r a s s

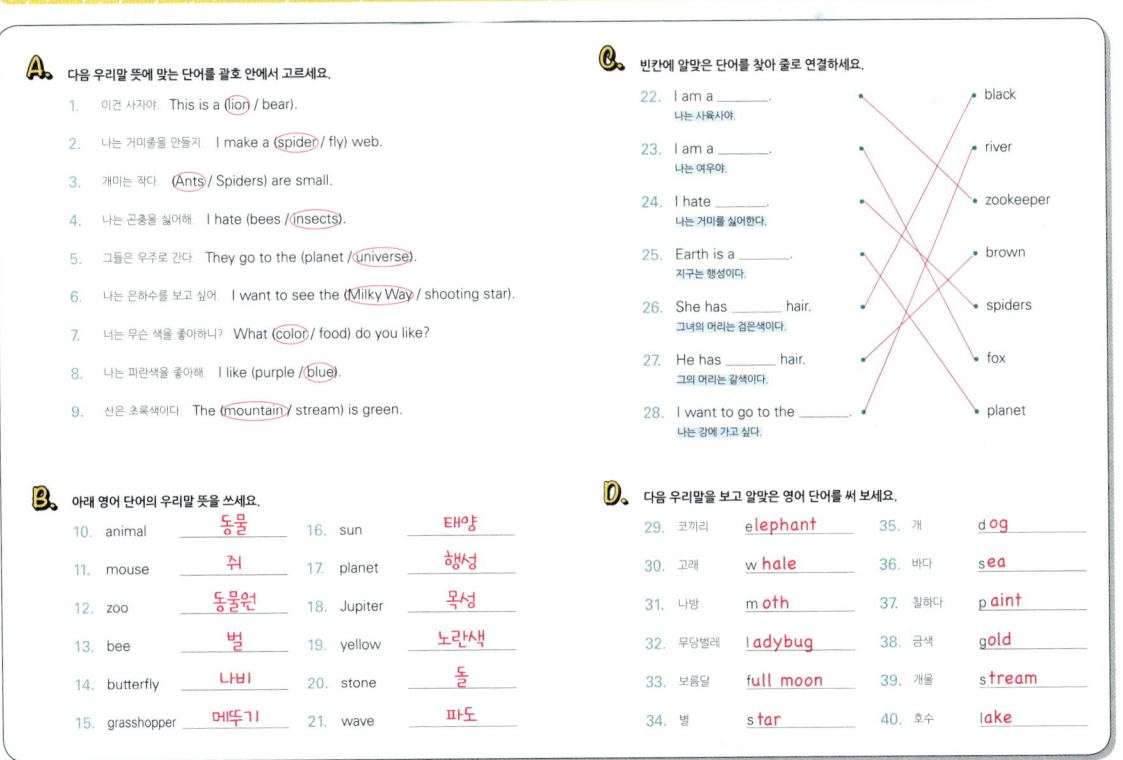

A. 다음 우리말 뜻에 맞는 단어를 괄호 안에서 고르세요.

1. 이건 사자야.　This is a (lion / bear).
2. 나는 거미줄을 만들지.　I make a (spider / fly) web.
3. 개미는 작다.　(Ants / Spiders) are small.
4. 나는 곤충을 싫어해.　I hate (bees / insects).
5. 그들은 우주로 간다.　They go to the (planet / universe).
6. 나는 은하수를 보고 싶어.　I want to see the (Milky Way / shooting star).
7. 너는 무슨 색을 좋아하니?　What (color / food) do you like?
8. 나는 파란색을 좋아해.　I like (purple / blue).
9. 산은 초록색이다.　The (mountain / stream) is green.

C. 빈칸에 알맞은 단어를 찾아 줄로 연결하세요.

22. I am a _____. 나는 사육사야.　· black
23. I am a _____. 나는 여우야.　· river
24. I hate _____. 나는 거미를 싫어한다.　· zookeeper
25. Earth is a _____. 지구는 행성이다.　· brown
26. She has _____ hair. 그녀의 머리는 검은색이다.　· spiders
27. He has _____ hair. 그의 머리는 갈색이다.　· fox
28. I want to go to the _____. 나는 강에 가고 싶다.　· planet

B. 아래 영어 단어의 우리말 뜻을 쓰세요.

10. animal　동물
11. mouse　쥐
12. zoo　동물원
13. bee　벌
14. butterfly　나비
15. grasshopper　메뚜기
16. sun　태양
17. planet　행성
18. Jupiter　목성
19. yellow　노란색
20. stone　돌
21. wave　파도

D. 다음 우리말을 보고 알맞은 영어 단어를 써 보세요.

29. 코끼리　e lephant
30. 고래　w hale
31. 나방　m oth
32. 무당벌레　l adybug
33. 보름달　full moon
34. 별　s tar
35. 개　d og
36. 바다　s ea
37. 칠하다　p aint
38. 금색　gold
39. 개울　s tream
40. 호수　l ake

A. 다음 사진과 설명을 보고 연상되는 영어 단어나 우리말 뜻을 고르세요.

1.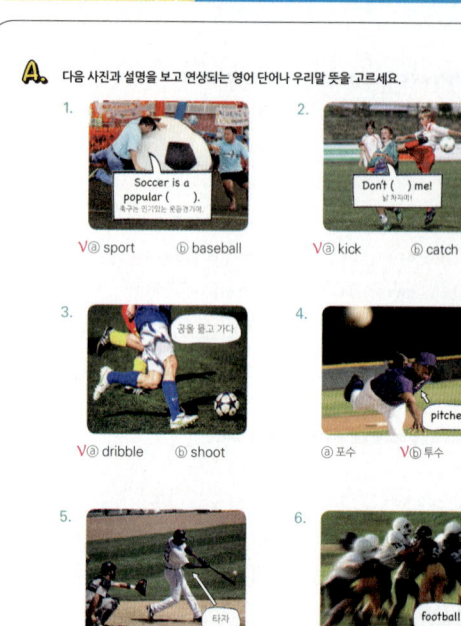
Soccer is a popular ( ).
축구는 인기있는 운동경기야.
V ⓐ sport   ⓑ baseball

2. Don't ( ) me!
날 차지마!
V ⓐ kick   ⓑ catch

3. 공을 몰고 가다
V ⓐ dribble   ⓑ shoot

4. pitcher
ⓐ 포수   V ⓑ 투수

5. 타자
ⓐ catcher   V ⓑ batter

6. football
V ⓐ 미식축구   ⓑ 야구

B. 우리말에 맞도록 주어진 알파벳으로 시작하는 단어를 써 보세요.

7. 나는 **축구**를 좋아해.   I like s<u>occer</u>.
8. 나는 **농구**를 좋아해.   I like b<u>asketball</u>.
9. 나는 **야구**를 좋아해.   I like b<u>aseball</u>.
10. 그는 **포수**야.   He is a c<u>atcher</u>.
11. 그는 **타자**야.   He is a b<u>atter</u>.
12. 그녀는 **투수**야.   She is a p<u>itcher</u>.
13. 그녀는 **골키퍼**야.   She is a goal<u> </u>k<u>eeper</u>.

C. 다음 우리말을 보고 알맞은 영어 단어의 철자를 써 보세요.

14. 공   b a l l
15. 지키다   k e e p
16. (발로) 차다   k i c k
17. 건네주다   P a s s
18. 치다   h i t
19. 잡다   c a t c h
20. 던지다   t h r o w

A. 다음 사진과 설명을 보고 연상되는 영어 단어나 우리말 뜻을 고르세요.

1. Reading is our ( )!
독서는 우리 취미야!
ⓐ picnic   V ⓑ hobby

2. bicycle
V ⓐ 자전거   ⓑ 줄넘기

3. 사진, 그림
ⓐ movie   V ⓑ picture

4. fish
V ⓐ 물고기   ⓑ 요리

5. 소풍
ⓐ painting   V ⓑ picnic

6. I like ( )ing to music.
난 음악 듣는 게 좋아.
V ⓐ listen   ⓑ watch

B. 우리말에 맞도록 주어진 알파벳으로 시작하는 단어를 써 보세요.

7. 너의 **취미**는 뭐니?   What is your h<u>obby</u>?
8. 나는 **독서**를 좋아해.   I like r<u>ead</u>ing a book.
9. 나는 음악 **듣는 것**을 좋아해.   I like l<u>isten</u>ing to music.
10. 나는 **자전거** 타는 것을 좋아해.   I like riding a b<u>icycle</u>.
11. 나는 **줄넘기**하는 것을 좋아해.   I like doing j<u>ump</u> r<u>ope</u>.
12. 나는 **낚시**를 좋아해.   I like f<u>ish</u>ing.
13. 나는 (그림을) 잘 **그릴** 수 있어.   I can d<u>raw</u> well.

C. 다음 우리말을 보고 알맞은 영어 단어의 철자를 써 보세요.

14. 요리사 / 요리하다   c o o k
15. 소풍   p i c n i c
16. 그림   p a i n t i n g
17. 장난감   t o y
18. 즐기다   e n j o y
19. 사진   p h o t o g r a p h
20. 영화   m o v i e

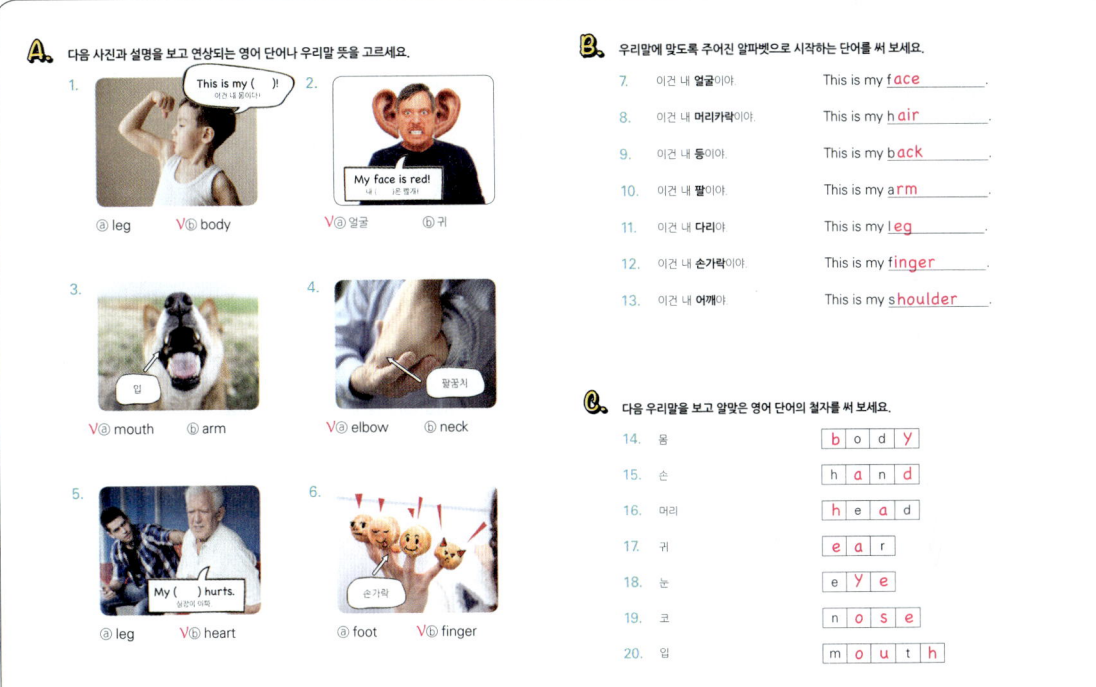

A. 다음 사진과 설명을 보고 연상되는 영어 단어나 우리말 뜻을 고르세요.

1. This is my ( ).
   이건 내 몸이다!
   ⓐ leg   ✓ⓑ body

2. My face is red!
   내 ( )은 빨갛다!
   ✓ⓐ 얼굴   ⓑ 귀

3. 입
   ✓ⓐ mouth   ⓑ arm

4. 팔꿈치
   ✓ⓐ elbow   ⓑ neck

5. My ( ) hurts.
   심장이 아파!
   ⓐ leg   ✓ⓑ heart

6. 손가락
   ⓐ foot   ✓ⓑ finger

B. 우리말에 맞도록 주어진 알파벳으로 시작하는 단어를 써 보세요.

7. 이건 내 **얼굴**이야.   This is my f**ace**.
8. 이건 내 **머리카락**이야.   This is my h**air**.
9. 이건 내 **등**이야.   This is my b**ack**.
10. 이건 내 **팔**이야.   This is my a**rm**.
11. 이건 내 **다리**야.   This is my l**eg**.
12. 이건 내 **손가락**이야.   This is my f**inger**.
13. 이건 내 **어깨**야.   This is my s**houlder**.

C. 다음 우리말을 보고 알맞은 영어 단어의 철자를 써 보세요.

14. 몸   b o d y
15. 손   h a n d
16. 머리   h e a d
17. 귀   e a r
18. 눈   e y e
19. 코   n o s e
20. 입   m o u t h

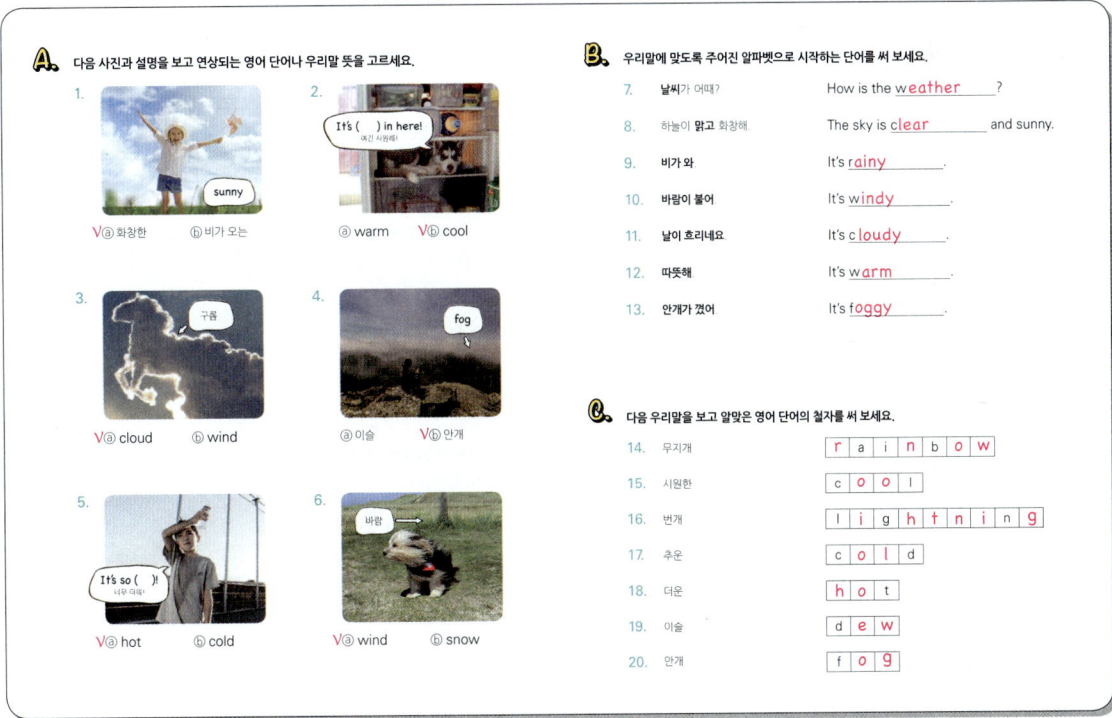

A. 다음 사진과 설명을 보고 연상되는 영어 단어나 우리말 뜻을 고르세요.

1. sunny
   ✓ⓐ 화창한   ⓑ 비가 오는

2. It's ( ) in here!
   여긴 시원해!
   ⓐ warm   ✓ⓑ cool

3. 구름
   ✓ⓐ cloud   ⓑ wind

4. fog
   ⓐ 이슬   ✓ⓑ 안개

5. It's so ( )!
   너무 더워!
   ✓ⓐ hot   ⓑ cold

6. 바람
   ✓ⓐ wind   ⓑ snow

B. 우리말에 맞도록 주어진 알파벳으로 시작하는 단어를 써 보세요.

7. **날씨**가 어때?   How is the w**eather**?
8. 하늘이 **맑고** 화창해.   The sky is c**lear** and sunny.
9. **비가 와**   It's r**ainy**.
10. **바람이 불어**   It's w**indy**.
11. **날이 흐리네요**   It's c**loudy**.
12. **따뜻해**   It's w**arm**.
13. **안개가 꼈어**   It's f**oggy**.

C. 다음 우리말을 보고 알맞은 영어 단어의 철자를 써 보세요.

14. 무지개   r a i n b o w
15. 시원한   c o o l
16. 번개   l i g h t n i n g
17. 추운   c o l d
18. 더운   h o t
19. 이슬   d e w
20. 안개   f o g

A. 다음 사진과 설명을 보고 연상되는 영어 단어나 우리말 뜻을 고르세요.

1.
Can you ( ) numbers? 숫자 셀 수 있니?
ⓐ cheap Ⓥⓑ count

2.
How much is it?
Ⓥⓐ 얼마예요? ⓑ 몇 시예요?

3.
The population of China is over one ( ). 중국 인구는 10억 명이 넘어
ⓐ thousand Ⓥⓑ billion

4.
We have been married for sixty years. 우린 60년 간 결혼해 살고 있어
Ⓥⓐ 60 ⓑ 70

5.
ten thousand won
ⓐ 천 원 Ⓥⓑ 만 원

6.
I have driven this car for ( ) years. 난 구십 년 동안 이 차를 몰았다고 있어
ⓐ eighty Ⓥⓑ ninety

B. 우리말에 맞도록 주어진 알파벳으로 시작하는 단어를 써 보세요.

7. 칠십 달러입니다. It is s eventy dollars.
8. 팔십 달러입니다. It is e ighty dollars.
9. 난 마흔이 넘었어 I'm over f orty years old.
10. 삼십 달러입니다. It is t hirty dollars.
11. 만 원 t en thousand won
12. 난 이 책을 오십 번 이상 읽었어 I have read this book over f ifty times.
13. 너무 비싸요 It's too e xpensive

C. 다음 우리말을 보고 알맞은 영어 단어의 철자를 써 보세요.

14. 숫자 n u m b e r
15. 싼 c h e a p
16. 구십 n i n e t y
17. 천 t h o u s a n d
18. 십만 a h u n d r e d t h o u s a n d
19. 백만 m i l l i o n
20. 천만 t e n m i l l i o n

A. 다음 우리말 뜻에 맞는 단어를 괄호 안에서 고르세요.

1. 나는 축구를 좋아해. I like (basketball / soccer).
2. 난 이 공을 칠 수 있어. I can (hit / pitch) this ball.
3. 나는 낚시를 좋아해. I like (fishing / cooking).
4. 내 눈은 예뻐. My (eyes / hands) are pretty.
5. 심장이 아파. My (heart / finger) hurts.
6. 날씨가 어때? How is the (weather / windy)?
7. 비가 와. It's (cloudy / rainy).
8. 얼마예요? (How much / What) is it?
9. 너무 비싸요. It's too (expensive / cheap).

B. 아래 영어 단어의 우리말 뜻을 쓰세요.

10. baseball 야구
11. pitcher 투수
12. dribble 공을 몰고 가다
13. fish 물고기/ 낚시를 하다
14. picnic 소풍
15. draw 그리다
16. listen 듣다
17. watch 보다
18. nose 코
19. head 머리
20. cool 시원한
21. thirty 삼십

C. 빈칸에 알맞은 단어를 찾아 줄로 연결하세요.

22. Soccer is a popular _____.
축구는 인기 있는 운동경기야.
23. I like _____.
나는 쇼핑을 좋아한다.
24. _____ is my hobby.
독서는 나의 취미야.
25. My _____ is red.
내 얼굴은 빨개.
26. It's so _____.
너무 더워.
27. It's _____.
추워.
28. I'm over _____ years old.
나는 마흔이 넘었어.

- hot
- shopping
- forty
- face
- sport
- cold
- Reading

D. 다음 우리말을 보고 알맞은 영어 단어를 써 보세요.

29. 치다 hit
30. 던지다 throw
31. 잡다 catch
32. 요리사 cook
33. 즐기다 enjoy
34. 몸 body
35. 귀 e ar
36. 입 mouth
37. 안개 fog
38. 시원한 c ool
39. 이슬 d ew
40. 천 thousand

DAY 26 · We travel abroad! · p. 166

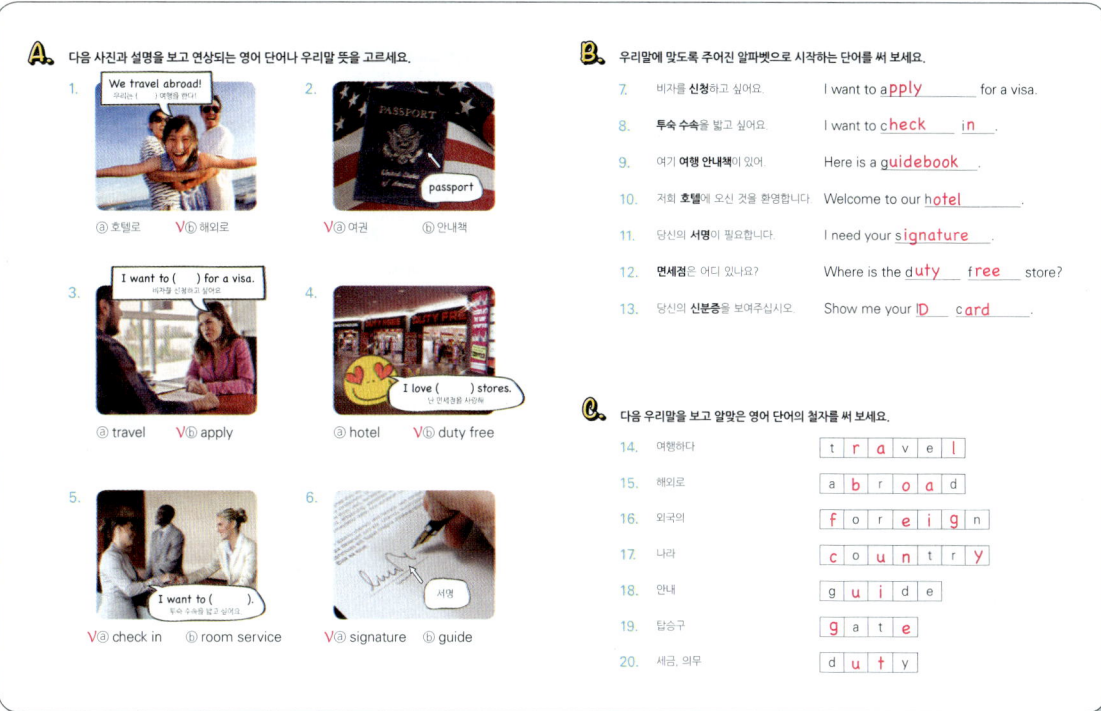

A. 다음 사진과 설명을 보고 연상되는 영어 단어나 우리말 뜻을 고르세요.

1. We travel abroad! 우리는 ↑ 여행을 한다.
   ⓐ 호텔로 · V ⓑ 해외로

2. PASSPORT / passport
   V ⓐ 여권 · ⓑ 안내책

3. I want to ( ) for a visa. 비자를 신청하고 싶어요
   ⓐ travel · V ⓑ apply

4. DUTY FREE / I love ( ) stores. 난 면세점을 사랑해
   ⓐ hotel · V ⓑ duty free

5. I want to ( ). 투숙 수속을 밟고 싶어요.
   V ⓐ check in · ⓑ room service

6. 서명
   V ⓐ signature · ⓑ guide

B. 우리말에 맞도록 주어진 알파벳으로 시작하는 단어를 써 보세요.

7. 비자를 **신청**하고 싶어요. — I want to a**pply** for a visa.
8. **투숙 수속**을 밟고 싶어요. — I want to c**heck** **in**.
9. 여기 **여행 안내책**이 있어. — Here is a g**uidebook**.
10. 저희 **호텔**에 오신 것을 환영합니다. — Welcome to our h**otel**.
11. 당신의 **서명**이 필요합니다. — I need your s**ignature**.
12. **면세점**은 어디 있나요? — Where is the d**uty** **free** store?
13. 당신의 **신분증**을 보여주십시오. — Show me your I**D** **card**.

C. 다음 우리말을 보고 알맞은 영어 단어의 철자를 써 보세요.

14. 여행하다 — t r a v e l
15. 해외로 — a b r o a d
16. 외국의 — f o r e i g n
17. 나라 — c o u n t r y
18. 안내 — g u i d e
19. 탑승구 — g a t e
20. 세금, 의무 — d u t y

DAY 27 · I go to the post office. · p. 172

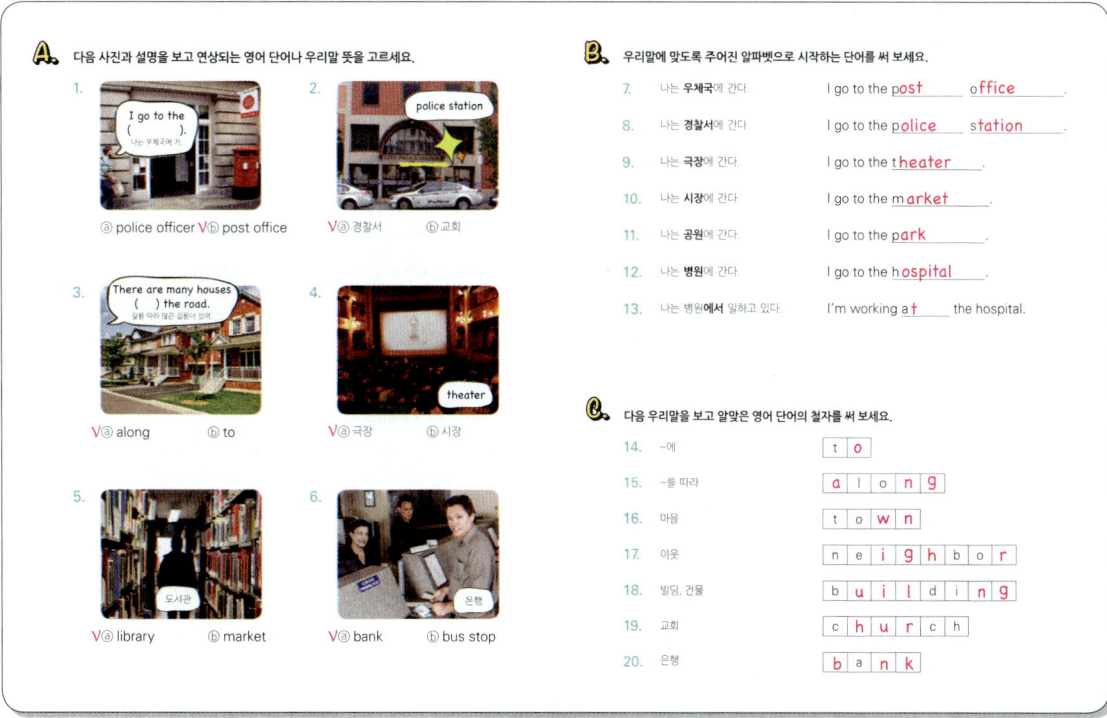

A. 다음 사진과 설명을 보고 연상되는 영어 단어나 우리말 뜻을 고르세요.

1. I go to the ( ). 나는 우체국에 가.
   ⓐ police officer · V ⓑ post office

2. police station
   V ⓐ 경찰서 · ⓑ 교회

3. There are many houses ( ) the road. 길을 따라 많은 집들이 있어.
   V ⓐ along · ⓑ to

4. theater
   V ⓐ 극장 · ⓑ 시장

5. 도서관
   V ⓐ library · ⓑ market

6. 은행
   V ⓐ bank · ⓑ bus stop

B. 우리말에 맞도록 주어진 알파벳으로 시작하는 단어를 써 보세요.

7. 나는 **우체국**에 간다. — I go to the p**ost** **office**.
8. 나는 **경찰서**에 간다. — I go to the p**olice** **station**.
9. 나는 **극장**에 간다. — I go to the t**heater**.
10. 나는 **시장**에 간다. — I go to the m**arket**.
11. 나는 **공원**에 간다. — I go to the p**ark**.
12. 나는 **병원**에 간다. — I go to the h**ospital**.
13. 나는 병원**에서** 일하고 있다. — I'm working a**t** the hospital.

C. 다음 우리말을 보고 알맞은 영어 단어의 철자를 써 보세요.

14. ~에 — t o
15. ~를 따라 — a l o n g
16. 마을 — t o w n
17. 이웃 — n e i g h b o r
18. 빌딩, 건물 — b u i l d i n g
19. 교회 — c h u r c h
20. 은행 — b a n k

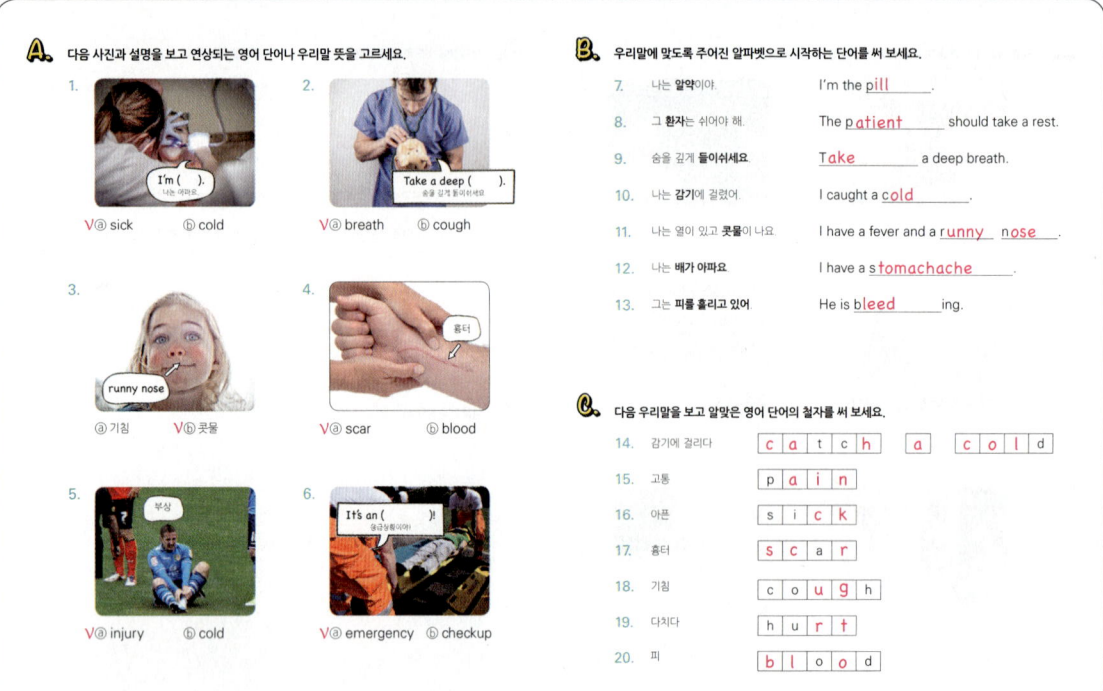

A. 다음 사진과 설명을 보고 연상되는 영어 단어나 우리말 뜻을 고르세요.

1. I'm ( ). 나는 아파요. V ⓐ sick　ⓑ cold
2. Take a deep ( ). 숨을 깊게 들이쉬세요. V ⓐ breath　ⓑ cough
3. runny nose　ⓐ 기침　V ⓑ 콧물
4. 흉터　V ⓐ scar　ⓑ blood
5. 부상　V ⓐ injury　ⓑ cold
6. It's an ( )! (응급상황이야!)　V ⓐ emergency　ⓑ checkup

B. 우리말에 맞도록 주어진 알파벳으로 시작하는 단어를 써 보세요.

7. 나는 알약이야.　I'm the p ill .
8. 그 환자는 쉬어야 해.　The p atient should take a rest.
9. 숨을 깊게 들이쉬세요.　Take a deep breath.
10. 나는 감기에 걸렸어.　I caught a cold .
11. 나는 열이 있고 콧물이 나요.　I have a fever and a r unny n ose .
12. 나는 배가 아파요.　I have a s tomachache .
13. 그는 피를 흘리고 있어.　He is bleed ing.

C. 다음 우리말을 보고 알맞은 영어 단어의 철자를 써 보세요.

14. 감기에 걸리다　c a t c h a c o l d
15. 고통　p a i n
16. 아픈　s i c k
17. 흉터　s c a r
18. 기침　c o u g h
19. 다치다　h u r t
20. 피　b l o o d

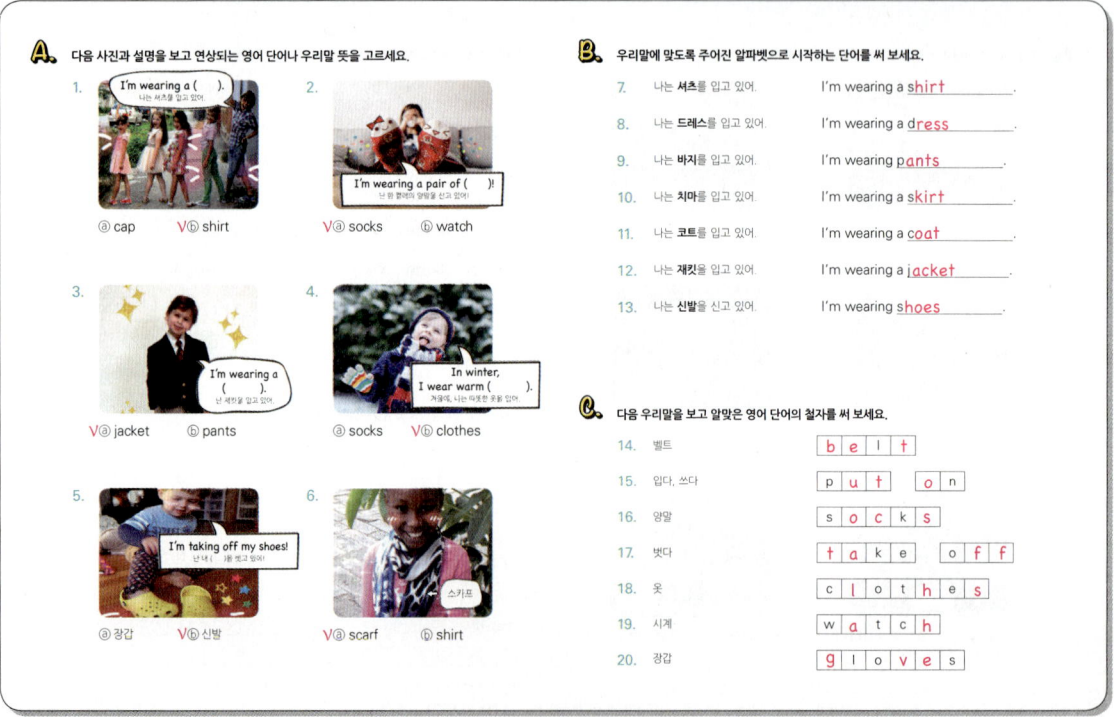

A. 다음 사진과 설명을 보고 연상되는 영어 단어나 우리말 뜻을 고르세요.

1. I'm wearing a ( ). 나는 셔츠를 입고 있어. ⓐ cap　V ⓑ shirt
2. I'm wearing a pair of ( )! 난 양 켤레의 양말을 신고 있어. V ⓐ socks　ⓑ watch
3. I'm wearing a ( ). 난 재킷을 입고 있어. V ⓐ jacket　ⓑ pants
4. In winter, I wear warm ( ). 겨울에, 나는 따뜻한 옷을 입어. ⓐ socks　V ⓑ clothes
5. I'm taking off my shoes! 난녀( )를 벗고 있어! ⓐ 장갑　V ⓑ 신발
6. 스카프　V ⓐ scarf　ⓑ shirt

B. 우리말에 맞도록 주어진 알파벳으로 시작하는 단어를 써 보세요.

7. 나는 셔츠를 입고 있어.　I'm wearing a shirt .
8. 나는 드레스를 입고 있어.　I'm wearing a d ress .
9. 나는 바지를 입고 있어.　I'm wearing p ants .
10. 나는 치마를 입고 있어.　I'm wearing a skirt .
11. 나는 코트를 입고 있어.　I'm wearing a coat .
12. 나는 재킷을 입고 있어.　I'm wearing a jacket .
13. 나는 신발을 신고 있어.　I'm wearing shoes .

C. 다음 우리말을 보고 알맞은 영어 단어의 철자를 써 보세요.

14. 벨트　b e l t
15. 입다, 쓰다　p u t o n
16. 양말　s o c k s
17. 벗다　t a k e o f f
18. 옷　c l o t h e s
19. 시계　w a t c h
20. 장갑　g l o v e s

A. 다음 사진과 설명을 보고 연상되는 영어 단어나 우리말 뜻을 고르세요.

1.
I feel (   )!
나는 기분이 좋아!
ⓐ upset ✔ⓑ good

2.
I am very happy!
나는 매우 ( )
✔ⓐ 행복해 ⓑ 화가 나

3.
I'm not (   ).
난 정직하지 않다.
ⓐ lonely ✔ⓑ honest

4.
I'm sad.
난 ( )
✔ⓐ 슬퍼 ⓑ 자랑스러워

5.
I'm (   ).
난 지루해.
ⓐ thirsty ✔ⓑ bored

6.
I feel (   ).
난 기분이 나빠.
ⓐ good ✔ⓑ bad

B. 우리말에 맞도록 주어진 알파벳으로 시작하는 단어를 써 보세요.

7. 나는 **행복해** I am <u>h</u>appy   .
8. 나는 **슬퍼** I am <u>s</u>ad   .
9. 나는 **화가 나** I am <u>a</u>ngry   .
10. 나는 **속상해** I am <u>u</u>pset   .
11. 나는 **외로워** I am <u>l</u>onely   .
12. 나는 **피곤해** I am <u>t</u>ired   .
13. 나는 **목이 말라** I am <u>t</u>hirsty   .

C. 다음 우리말을 보고 알맞은 영어 단어의 철자를 써 보세요.

14. 느끼다 | f | e | e | l |
15. 자랑스러운 | p | r | o | u | d |
16. 나쁜 | b | a | d |
17. 매우 | v | e | r | y |
18. (친구처럼) 친절한 | f | r | i | e | n | d | l | y |
19. 정직한 | h | o | n | e | s | t |
20. 웃다 | l | a | u | g | h |

DAY 26~30 OVERALL TEST p. 192

A. 다음 우리말 뜻에 맞는 단어를 괄호 안에서 고르세요.

1. 우리는 해외로 여행을 한다. We (go / (travel)) abroad.
2. 저희 호텔에 오신 것을 환영합니다. Welcome to our (house / (hotel)).
3. 나는 경찰서에서 일하고 있다. I'm working at the ((police station) / bank).
4. 길을 따라 많은 집들이 있어. There are many houses ((along) / to) the road.
5. 숨을 깊게 들이쉬세요. Take a deep ((breath) / cough).
6. 나는 따뜻한 옷을 입는다. I wear warm ((clothes) / scarf).
7. 그는 모자를 쓴다. He puts on a ((cap) / ring).
8. 나는 기분이 좋다. I feel ((good) / bad).
9. 그는 (친구처럼) 친절한 사람이다. He is a ((friendly) / upset) person.

B. 아래 영어 단어의 우리말 뜻을 쓰세요.

10. country 나라
11. duty 세금, 의무
12. gate 탑승구
13. hospital 병원
14. park 공원
15. theater 극장
16. cold 감기
17. sick 아픈
18. take off 벗다
19. jacket 재킷
20. happy 행복한
21. thirsty 목마른

C. 빈칸에 알맞은 단어를 찾아 줄로 연결하세요.

22. I want to _____ for a visa.
비자를 신청하고 싶어요.
23. I want to _____.
투숙 수속을 밟고 싶어요.
24. I go to the _____.
나는 우체국에 가.
25. It's an _____!
응급상황이야!
26. I'm wearing a _____.
나는 셔츠를 입고 있어.
27. I'm _____.
나는 지루해.
28. I feel _____ now.
난 지금 외롭다고 느껴.

• post office
• apply
• check in
• emergency
• lonely
• shirt
• bored

D. 다음 우리말을 보고 알맞은 영어 단어를 써 보세요.

29. 안내 <u>g</u>uide
30. 외국의 <u>foreign</u>
31. 여권 <u>passport</u>
32. ~에 <u>to</u>
33. 교회 <u>church</u>
34. 은행 <u>bank</u>
35. 흉터 <u>s</u>car
36. 환자 <u>patient</u>
37. 알약 <u>pill</u>
38. 옷 <u>c</u>lothes
39. 시계 <u>w</u>atch
40. 정직한 <u>h</u>onest

초등교과서 영단어 2400 3학년 받아쓰기 답안지

DAY 01
1. night 밤
2. how 어떻게
3. fine 괜찮은
4. handshake 악수
5. welcome 환영하다
6. farewell 작별인사
7. good 좋은
8. morning 아침
9. afternoon 오후
10. evening 저녁
11. nice 좋은
12. meet 만나다
13. bye 잘 가
14. goodbye 안녕(헤어질 때)
15. later 다음에
16. greeting 인사
17. hello 안녕
18. glad 기쁜
19. see 보다
20. you 너

DAY 02
1. principal 교장 선생님
2. class 학급, 반
3. classroom 교실
4. classmate 반 친구
5. breaktime 쉬는 시간
6. book 책
7. learn 배우다
8. textbook 교과서
9. homework 숙제
10. test 시험
11. teacher 선생님
12. teach 가르치다
13. study 공부하다
14. blackboard 칠판
15. backpack 배낭
16. school 학교
17. student 학생
18. group 모둠, 조
19. playground 운동장
20. flag 깃발

DAY 03
1. music 음악
2. check 확인하다
3. art 예술, 미술
4. Korean 한국어
5. English 영어
6. sit 앉다
7. open 열다
8. page 쪽
9. let's ~하자
10. chant 노래를 부르다
11. quiz 퀴즈, 간단한 시험
12. repeat 반복하다, 따라하다
13. stand up 일어나다
14. stand 서다
15. question 질문
16. lesson 수업, 과
17. science 과학
18. math 수학
19. hard 어려운, 열심히
20. easy 쉬운

DAY 04
1. glue 풀
2. cutter 칼
3. cut 자르다
4. paper 종이
5. scissors 가위
6. pencil 연필
7. notebook 공책
8. ruler 자
9. pen 펜
10. tape 테이프
11. pushpin 압정
12. push 누르다
13. clip 클립
14. sticker 스티커
15. stick 달라붙다
16. have 가지다
17. eraser 지우개
18. erase 지우다
19. sure 물론
20. pencil case 필통

DAY 05
1. spelling 철자(스펠링)
2. guess 추측하다
3. think 생각하다
4. understand 이해하다
5. show 보여주다
6. wrap-up 마무리
7. finish 끝내다
8. almost 거의
9. write 쓰다
10. spell 철자를 쓰다
11. say ~라고 말하다
12. tell 말해주다
13. speak (여러 사람에게) 말하다
14. aloud 크게
15. talk 대화하다
16. exercise 연습
17. practice 실전연습(하다)
18. together 함께
19. try 노력하다, 시도하다
20. start 시작(하다)

DAY 06
1. sixteen 열여섯
2. seventeen 열일곱
3. eighteen 열여덟
4. nineteen 열아홉
5. twenty 스물
6. eleven 열하나
7. twelve 열둘
8. thirteen 열셋
9. fourteen 열넷
10. fifteen 열다섯
11. six 여섯
12. seven 일곱
13. eight 여덟
14. nine 아홉
15. ten 열
16. one 하나
17. two 둘
18. three 셋
19. four 넷
20. five 다섯

DAY 07
1. kitchen 부엌
2. bathroom 욕실
3. bath 욕조
4. toilet 변기
5. wash 씻다
6. window 창문
7. bedroom 침실
8. bed 침대
9. room 방
10. wall 벽
11. door 문
12. chain 사슬
13. lock 잠그다
14. living room 거실
15. sofa 소파
16. home (내가 사는) 집
17. house 집
18. roof 지붕
19. front door 현관문
20. doorbell 초인종

DAY 08
1. lamp 램프, 등
2. closet 옷장
3. double bed 2인용 침대
4. single bed 1인용 침대
5. bunk bed 2층 침대
6. desk 책상
7. drawer 서랍
8. chair 의자
9. close 닫다
10. shelf 선반
11. put 넣다
12. coin 동전
13. piggy bank 돼지 저금통
14. mirror 거울
15. table 탁자
16. pillow 베개
17. sheet 시트
18. blanket 담요
19. bookcase 책장
20. bookshelf 책꽂이

DAY 09
1. grandparents 조부모
2. grandfather 할아버지
3. grandmother 할머니
4. adult 어른
5. granddaughter 손녀
6. daughter 딸
7. son 아들
8. husband 남편
9. wife 부인
10. who 누구
11. father 아버지
12. mother 어머니
13. sibling 형제자매
14. sister 언니, 누나, 여동생
15. brother 형, 오빠, 남동생
16. family 가족
17. my 나의
18. dad 아빠
19. mom 엄마
20. parents 부모님

DAY 10
1. drink 마시다
2. milk 우유
3. hamburger 햄버거
4. fruit 과일
5. juice 주스
6. sweet 달콤한
7. eat 먹다
8. bread 빵
9. spoon 숟가락
10. salt 소금
11. beef 소고기
12. pork 돼지고기
13. sugar 설탕
14. tea 차
15. want 원하다
16. food 음식
17. vegetable 채소
18. chicken 닭고기
19. meat 고기
20. like 좋아하다

DAY 11
1. touch 만지다
2. crystal ball 수정구
3. king 왕
4. queen 왕비
5. kingdom 왕국
6. Snow White 백설공주
7. dwarf 난쟁이
8. witch 마녀
9. mix 섞다
10. poison 독(독이 든)
11. crystal shoes 유리구두
12. palace 궁전
13. stepmother 새어머니
14. stepsister 새언니
15. hate 미워하다
16. long time 긴 시간
17. ago 전에
18. princess 공주
19. castle 성
20. prince 왕자

DAY 12
1. beautiful 아름다운
2. look 보다, 보이다
3. like ~와 비슷한
4. weight 몸무게
5. height 키
6. ponytail 묶은 머리
7. short 키 작은
8. tall 키 큰
9. old 늙은
10. young 젊은
11. girl 소녀
12. child 어린이
13. boy 소년
14. long hair 긴 머리
15. ugly 못생긴
16. she 그녀
17. he 그
18. pretty 예쁜
19. handsome 잘생긴
20. good-looking 보기 좋은

DAY 13
1. boat 보트
2. ship 배
3. drive 운전하다
4. car 자동차
5. taxi 택시
6. traffic 교통
7. subway 지하철
8. train 기차
9. take 타다
10. station 역
11. get on ~에 타다
12. bus 버스
13. slow 느린
14. fast 빠른
15. stop 멈추다
16. airplane 비행기
17. by ~으로
18. airport 공항
19. fly 날다
20. go 가다

DAY 14
1. sheep 양
2. horse 말
3. fence 울타리
4. pig 돼지
5. weed 잡초(를 뽑다)
6. harvest 추수하다
7. corn 옥수수
8. wheat 밀
9. seed 씨앗
10. goat 염소
11. feed 먹이를 주다
12. countryside 시골
13. farmer 농부
14. rice 쌀, 벼
15. plant 심다
16. farm 농장
17. field 들판
18. barn 외양간
19. grow 자라다
20. cow 소

DAY 15
1. wheel 바퀴
2. merry-go-round 회전목마
3. entrance 입구
4. enter 들어가다
5. cotton candy 솜사탕
6. attraction 놀이기구
7. clown 어릿광대
8. crowd 군중(많은 사람들)
9. balloon 풍선
10. big 큰
11. amusement park 놀이공원
12. amuse 즐겁게 하다
13. giant stride 회전그네
14. giant 거대한/ 거인
15. swing 그네
16. exciting 신나는
17. roller coaster 롤러코스터
18. flume ride 후룸라이드, 물미끄럼틀 타기
19. ride 타다
20. fun 재미/ 재미있는

DAY 16
1. zookeeper 사육사
2. dolphin 돌고래
3. mouse 쥐
4. mice 쥐(mouse의 복수형)
5. small 작은
6. bat 박쥐
7. whale 고래
8. zoo 동물원
9. deer 사슴
10. dog 개
11. wolf 늑대
12. bear 곰
13. tiger 호랑이
14. cry 울다
15. fox 여우
16. elephant 코끼리
17. giraffe 기린
18. zebra 얼룩말
19. lion 사자
20. animal 동물

DAY 17
1. cockroach 바퀴벌레
2. gross 징그러운
3. larva 애벌레
4. ladybug 무당벌레
5. bug 벌레
6. bee 벌
7. spider 거미
8. spider web 거미줄
9. earthworm 지렁이
10. moth 나방
11. fly 파리/ 날다
12. dragonfly 잠자리
13. butterfly 나비
14. firefly 반딧불
15. insect 곤충
16. grasshopper 메뚜기
17. jump 뛰어오르다
18. cricket 귀뚜라미
19. beetle 딱정벌레
20. ant 개미

DAY 18
1. full moon 보름달
2. full 가득 찬
3. half moon 반달
4. half 절반
5. crescent moon 초승달
6. Jupiter 목성
7. Saturn 토성
8. Mars 화성
9. Venus 금성
10. moon 달
11. planet 행성
12. star 별, 항성
13. shooting star 별똥별
14. sun 태양
15. Earth 지구
16. universe 우주
17. spaceship 우주선
18. space 공간, 우주
19. galaxy 은하계
20. Milky Way 은하수

DAY 19
1. gold 금색
2. silver 은색
3. pink 분홍색
4. colorful 형형색색의
5. aqua 청록색
6. purple 보라색
7. navy 남색
8. orange 주황색
9. paint 칠하다
10. sunset 노을
11. black 검은색
12. white 흰색
13. red 빨간색
14. gray 회색
15. brown 갈색
16. color 색깔
17. blue 파란색
18. sky blue 하늘색
19. yellow 노란색
20. green 초록색

DAY 20
1. land 땅
2. forest 숲
3. flower 꽃
4. sky 하늘
5. grass 잔디
6. ocean 대양
7. world 세계
8. sea 바다
9. wave 파도
10. cave 동굴
11. lake 호수
12. mountain 산
13. river 강
14. hill 언덕
15. rock 바위
16. nature 자연
17. earth 흙
18. air 공기
19. stone 돌
20. stream 개울

DAY 21
1. catcher 포수
2. catch 잡다
3. ball 공
4. throw 던지다
5. football 미식축구
6. pitcher 투수
7. pitch 힘껏 던지다
8. batter 타자
9. bat 방망이
10. hit 치다
11. kick (발로) 차다
12. pass 건네주다
13. dribble 공을 몰고 가다
14. basketball 농구
15. baseball 야구
16. sport 운동
17. soccer 축구
18. goal keeper 골키퍼
19. keep 지키다
20. shoot 슛하다

DAY 22
1. picture 사진, 그림
2. photograph 사진
3. watch 보다
4. movie 영화
5. listen 듣다
6. draw 그리다
7. painting 그림
8. enjoy 즐기다
9. shopping 쇼핑
10. take a picture 사진을 찍다
11. cook 요리사/ 요리하다
12. cooking 요리
13. fishing 낚시
14. fish 물고기/ 낚시를 하다
15. picnic 소풍
16. reading 독서
17. hobby 취미
18. toy 장난감
19. bicycle 자전거
20. jump rope 줄넘기

DAY 23
1. hair 머리카락
2. neck 목
3. back 등
4. toe 발가락
5. heart 심장
6. mouth 입
7. leg 다리
8. foot 발
9. elbow 팔꿈치
10. finger 손가락
11. head 머리
12. face 얼굴
13. ear 귀
14. eye 눈
15. nose 코
16. this 이것
17. body 몸
18. shoulder 어깨
19. arm 팔
20. hand 손

DAY 24
1. lightning 번개
2. dew 이슬
3. hot 더운
4. wind 바람
5. cloudy 흐린
6. foggy 안개가 낀
7. fog 안개
8. snow 눈
9. snowy 눈이 내리는
10. cold 추운
11. rainbow 무지개
12. rain 비
13. cool 시원한
14. warm 따뜻한
15. cloud 구름
16. weather 날씨
17. clear 맑은
18. sunny 화창한
19. rainy 비가 많이 오는
20. windy 바람이 많이 부는

DAY 25
1. thirty 삼십
2. eighty 팔십
3. expensive 비싼
4. ninety 구십
5. much 많은
6. a hundred thousand 십만
7. hundred 백
8. ten thousand 만
9. thousand 천
10. forty 사십
11. billion 십억
12. million 백만
13. ten million 천만
14. sixty 육십
15. fifty 오십
16. count 세다
17. number 숫자
18. how much 얼마
19. seventy 칠십
20. cheap 싼

DAY 26
1. bellboy 벨보이
2. check in 체크인(투숙 수속)하다
3. signature 서명
4. room service 룸서비스
5. key 열쇠
6. guide 안내
7. gate 탑승구
8. duty free 면세품
9. duty 세금, 의무
10. hotel 호텔
11. visa 비자, 사증
12. apply 신청하다
13. ID card 신분증
14. identification 신분증
15. guidebook (여행) 안내책
16. travel 여행하다
17. abroad 해외로
18. foreign 외국의
19. country 나라
20. passport 여권

DAY 27
1. hospital 병원
2. church 교회
3. bus stop 버스 정류장
4. bank 은행
5. bakery 빵집
6. cafe 카페
7. market 시장
8. library 도서관
9. park 공원
10. building 빌딩, 건물
11. along ~를 따라
12. road 길
13. town 마을
14. theater 극장
15. neighbor 이웃
16. to ~에
17. post office 우체국
18. police officer 경찰관
19. at ~에서
20. police station 경찰서

DAY 28
1. emergency 응급상황
2. cough 기침
3. pain 고통
4. medicine 약
5. pill 알약
6. stomach 배
7. bleed 피 흘리다
8. blood 피
9. hurt 다치다
10. injury 부상
11. cold 감기
12. catch a cold 감기에 걸리다
13. runny nose 콧물
14. scar 흉터
15. stomachache 복통
16. checkup 검진
17. sick 아픈
18. patient 환자
19. breath 숨
20. take a breath 숨을 쉬다

DAY 29
1. jacket 재킷
2. take off 벗다
3. shoes 신발
4. belt 벨트
5. scarf 스카프
6. clothes 옷
7. hat 모자
8. coat 코트
9. gloves 장갑
10. tie 넥타이
11. wear 입다
12. skirt 치마
13. socks 양말
14. ring 반지
15. watch 시계
16. shirt 셔츠
17. dress 드레스
18. pants 바지
19. cap (앞에 챙이 있는) 모자
20. put on 입다, 쓰다

DAY 30
1. now 지금
2. tired 피곤한
3. bored 지루한
4. hungry 배고픈
5. thirsty 목 마른
6. bad 나쁜
7. upset 속상한
8. sad 슬픈
9. angry 화난
10. lonely 외로운
11. friendly (친구처럼) 친절한
12. friend 친구
13. honest 정직한
14. laugh 웃다
15. anger 분노
16. feel 느끼다
17. feeling 감정
18. proud 자랑스러운
19. happy 행복한
20. very 매우

초등교과서 영단어 2400 3학년 쪽지시험 답안지

DAY 01
1. 저녁
2. 안녕
3. 기쁜
4. 아침
5. 너
6. 오후
7. 환영하다
8. 좋은
9. 보다
10. 만나다
11. good
12. farewell
13. later
14. fine
15. night
16. handshake
17. goodbye
18. greeting
19. how
20. bye

DAY 02
1. 모둠, 조
2. 쉬는 시간
3. 교장 선생님
4. 칠판
5. 학생
6. 교실
7. 공부하다
8. 배낭
9. 배우다
10. 학급, 반
11. classmate
12. homework
13. school
14. book
15. teach
16. test
17. teacher
18. playground
19. textbook
20. flag

DAY 03
1. 음악
2. 노래를 부르다
3. 어려운, 열심히
4. 열다
5. 확인하다
6. 서다
7. 반복하다, 따라하다
8. 쉬운
9. 영어
10. 한국어
11. art
12. sit
13. lesson
14. let's
15. science
16. question
17. quiz
18. page
19. math
20. stand up

DAY 04
1. 가위
2. 펜
3. 스티커
4. 풀
5. 필통
6. 종이
7. 공책
8. 가지다
9. 달라붙다
10. 지우개
11. cutter
12. pushpin
13. push
14. clip
15. cut
16. ruler
17. tape
18. erase
19. sure
20. pencil

DAY 05
1. 마무리
2. 거의
3. 철자(스펠링)
4. 추측하다
5. 실전연습(하다)
6. 쓰다
7. 연습
8. 크게
9. 철자를 쓰다
10. 함께
11. say
12. understand
13. finish
14. try
15. tell
16. speak
17. start
18. think
19. talk
20. show

DAY 06
1. 아홉
2. 열아홉
3. 넷
4. 스물
5. 셋
6. 열
7. 여덟
8. 열셋
9. 열일곱
10. 일곱
11. sixteen
12. five
13. eleven
14. one
15. two
16. eighteen
17. fourteen
18. fifteen
19. six
20. twelve

DAY 07
1. 벽
2. 부엌
3. (내가 사는) 집
4. 거실
5. 방
6. 창문
7. 침실
8. 잠그다
9. 문
10. 씻다
11. front door
12. bed
13. sofa
14. bath
15. roof
16. toilet
17. doorbell
18. bathroom
19. chain
20. house

DAY 08
1. 2인용 침대
2. 책꽂이
3. 동전
4. 2층 침대
5. 닫다
6. 책상
7. 의자
8. 거울
9. 책장
10. 옷장
11. piggy bank
12. pillow
13. lamp
14. drawer
15. table
16. put
17. single bed
18. shelf
19. sheet
20. blanket

DAY 09
1. 딸
2. 어른
3. 아들
4. 나의
5. 가족
6. 부모님
7. 부인
8. 형제자매
9. 할머니
10. 엄마
11. husband
12. sister
13. grandparents
14. mother
15. brother
16. grandfather
17. father
18. granddaughter
19. dad
20. who

DAY 10
1. 닭고기
2. 소고기
3. 채소
4. 우유
5. 과일
6. 돼지고기
7. 먹다
8. 좋아하다
9. 원하다
10. 마시다
11. hamburger
12. sugar
13. salt
14. spoon
15. bread
16. sweet
17. tea
18. juice
19. food
20. meat

DAY 11
1. 왕자
2. 수정구
3. 왕비
4. 미워하다
5. 새어머니
6. 긴 시간
7. 전에
8. 유리구두
9. 마녀
10. 궁전
11. touch
12. kingdom
13. poison
14. Snow White
15. castle
16. dwarf
17. king
18. mix
19. stepsister
20. princess

DAY 12
1. 젊은
2. 보기 좋은
3. 묶은 머리
4. 그녀
5. 긴 머리
6. 아름다운
7. 키 큰
8. 예쁜
9. 잘생긴
10. ~와 비슷한
11. he
12. old
13. weight
14. ugly
15. short
16. boy
17. girl
18. child
19. height
20. look

DAY 13
1. 운전하다
2. 비행기
3. ~으로
4. 기차
5. 타다
6. ~에 타다
7. 가다
8. 지하철
9. 역
10. 느린
11. ship
12. fast
13. car
14. traffic
15. boat
16. bus
17. airport
18. stop
19. fly
20. taxi

DAY 14
1. 시골
2. 자라다
3. 소
4. 양
5. 심다
6. 농장
7. 돼지
8. 쌀, 벼
9. 외양간
10. 울타리
11. field
12. corn
13. weed
14. seed
15. wheat
16. harvest
17. horse
18. goat
19. feed
20. farmer

DAY 15
1. 들어가다
2. 즐겁게 하다
3. 솜사탕
4. 신나는
5. 놀이공원
6. 입구
7. 롤러코스터
8. 회전그네
9. 어릿광대
10. 회전목마
11. wheel
12. attraction
13. flume ride
14. balloon
15. ride
16. giant
17. big
18. fun
19. crowd
20. swing

DAY 16
1. 여우
2. 동물
3. 얼룩말
4. 박쥐
5. 호랑이
6. 작은
7. 동물원
8. 사자
9. 고래
10. 늑대
11. mice
12. dog
13. zookeeper
14. cry
15. deer
16. mouse
17. bear
18. dolphin
19. giraffe
20. elephant

DAY 17
1. 무당벌레
2. 개미
3. 뛰어오르다
4. 거미줄
5. 벌레
6. 반딧불
7. 나비
8. 곤충
9. 바퀴벌레
10. 징그러운
11. cricket
12. fly
13. spider
14. beetle
15. bee
16. dragonfly
17. earthworm
18. moth
19. grasshopper
20. larva

DAY 18
1. 지구
2. 보름달
3. 은하수
4. 화성
5. 절반
6. 목성
7. 우주
8. 태양
9. 공간, 우주
10. 달
11. star
12. planet
13. full
14. spaceship
15. galaxy
16. Venus
17. shooting star
18. Saturn
19. half moon
20. crescent moon

DAY 19
1. 칠하다
2. 분홍색
3. 색깔
4. 회색
5. 빨간색
6. 노란색
7. 하늘색
8. 금색
9. 은색
10. 흰색
11. colorful
12. orange
13. green
14. black
15. purple
16. blue
17. sunset
18. brown
19. aqua
20. navy

DAY 20
1. 땅
2. 대양
3. 바다
4. 자연
5. 동굴
6. 잔디
7. 꽃
8. 하늘
9. 언덕
10. 파도
11. rock
12. stone
13. earth
14. air
15. river
16. lake
17. forest
18. mountain
19. world
20. stream

DAY 21
1. 지키다
2. 운동경기
3. 타자
4. 슛하다
5. 농구
6. 힘껏 던지다
7. 투수
8. (발로) 차다
9. 골키퍼
10. 방망이
11. hit
12. dribble
13. soccer
14. catch
15. throw
16. football
17. pass
18. baseball
19. catcher
20. ball

DAY 22
1. 줄넘기
2. 영화
3. 보다
4. 그림
5. 요리
6. 사진, 그림
7. 사진을 찍다
8. 소풍
9. 물고기/ 낚시를 하다
10. 자전거
11. reading
12. draw
13. cook
14. photograph
15. shopping
16. enjoy
17. listen
18. toy
19. fishing
20. hobby

DAY 23
1. 다리
2. 등
3. 팔꿈치
4. 손
5. 손가락
6. 머리카락
7. 머리
8. 눈
9. 코
10. 심장
11. this
12. toe
13. neck
14. foot
15. body
16. arm
17. mouth
18. ear
19. half
20. shoulder

DAY 24
1. 번개
2. 시원한
3. 구름
4. 바람
5. 화창한
6. 흐린
7. 눈이 내리는
8. 더운
9. 날씨
10. 비
11. cold
12. rainbow
13. snow
14. dew
15. warm
16. clear
17. rainy
18. windy
19. fog
20. foggy

DAY 25
1. 많은
2. 싼
3. 구십
4. 세다
5. 얼마
6. 오십
7. 육십
8. 백만
9. 칠십
10. 팔십
11. ten thousand
12. billion
13. hundred
14. a hundred thousand
15. number
16. thousand
17. ten million
18. forty
19. thirty
20. expensive

DAY 26
1. 안내
2. 면세품
3. (여행) 안내책
4. 나라
5. 신분증
6. 벨보이
7. 호텔
8. 서명
9. 열쇠
10. 해외로
11. duty
12. room service
13. foreign
14. gate
15. check in
16. apply
17. travel
18. identification
19. passport
20. visa

DAY 27
1. 빵집
2. ~에
3. 우체국
4. 버스 정류장
5. 경찰관
6. ~를 따라
7. 교회
8. 도서관
9. 공원
10. 병원
11. police station
12. theater
13. market
14. road
15. bank
16. cafe
17. neighbor
18. building
19. at
20. town

DAY 28
1. 피
2. 숨을 쉬다
3. 부상
4. 약
5. 배
6. 감기에 걸리다
7. 복통
8. 감기
9. 검진
10. 환자
11. runny nose
12. pill
13. cough
14. scar
15. bleed
16. sick
17. pain
18. emergency
19. breath
20. hurt

DAY 29
1. 바지
2. 벨트
3. 양말
4. (앞에 챙이 있는) 모자
5. 드레스
6. 스카프
7. 장갑
8. 치마
9. 입다
10. 반지
11. take off
12. tie
13. watch
14. jacket
15. clothes
16. coat
17. put on
18. shoes
19. shirt
20. hat

DAY 30
1. 지금
2. 슬픈
3. 매우
4. 분노
5. 웃다
6. 자랑스러운
7. 외로운
8. 속상한
9. 감정
10. 느끼다
11. bad
12. thirsty
13. hungry
14. friend
15. angry
16. tired
17. bored
18. friendly
19. happy
20. honest

2025 마더텅 제5기
초등학교 성적 우수 장학생 모집

2025년 저희 교재로 열심히 공부해 주신 분들께 장학금을 드립니다!

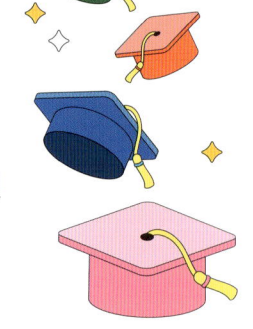

대상 **30**만 원 / 금상 **10**만 원 / 은상 **3**만 원

지원 자격 및 장학금

초1 ~ 초6

지원 과목 국어 / 영어 / 한자 중 1과목 이상 지원 가능 ※여러 과목 지원 시 가산점이 부여됩니다.

성적 기준
아래 2가지 항목 중 1개 이상의 조건에 해당하면 지원 가능
① 2024년 2학기 혹은 2025년 1학기 초등학교 생활통지표 등 학교에서 배부한 학업성취도를 확인할 수 있는 서류
② 2024년 7월~2025년 6월 시행 초등학생 대상 국어/영어/한자 해당 인증시험 성적표
책과함께 KBS한국어능력시험, J-ToKL, 전국영어학력경시대회, G-TELP Jr., TOEFL Jr., TOEIC Bridge, TOSEL, 한자능력검정시험(한국어문화, 대한검정회, 한자교육진흥회 주관)

위 조건에 해당한다면
마더텅 초등 교재로 공부하면서 **느낀 점**과 **공부 방법, 학업 성취, 성적 변화** 등에 관한 자신만의 수기를 작성해서 마더텅으로 보내 주세요. 우수한 글을 보내 주신 분들께 **수기 공모 장학금**을 드립니다!

응모 대상 마더텅 초등 교재들로 공부한 초1~초6

뿌리깊은 초등국어 독해력, 뿌리깊은 초등국어 독해력 어휘편, 뿌리깊은 초등국어 독해력 한국사, 뿌리깊은 초등국어 한자, 초등영문법 3800제, 초등영문법 777, 초등영어 받아쓰기·듣기 10회 모의고사, 초등교과서 영단어 2400, 중학영문법 3800제 스타터 및 기타 마더텅 초등 교재 중 1권 이상으로 신청 가능

응모 방법

① 마더텅 홈페이지 이벤트 게시판에 접속
② [2025 마더텅 초등학교 장학생 선발] 클릭 후 [2025 마더텅 초등학교 장학생 지원서 양식]을 다운
③ [2025 마더텅 초등학교 장학생 지원서 양식] 작성 후 메일(mothert.marketing@gmail.com)로 발송

접수 기한 2025년 7월 31일   **수상자 발표일** 2025년 8월 12일   **장학금 수여일** 2025년 9월 10일

원어민 발음 듣기 파일 이용 방법

모바일로 이용하기

마더텅의 교재용 MP3는 모바일 스트리밍과 다운로드를 지원합니다.

본문 QR코드 이용하기

1단계	본문 각 제목 옆에 있는 QR코드를 스마트폰을 이용해 스캔합니다.
2단계	자동으로 재생되는 음원을 들으면서 학습합니다.

모바일 홈페이지에서 이용하기

1단계	방법 1) 스마트폰으로 교재 뒤표지에 있는 QR코드를 스캔합니다. 방법 2) 스마트폰 브라우저 주소창에 모바일 홈페이지 주소 　　　　(www.toptutor.co.kr)를 입력합니다. 방법 3) 포털 검색창에 '마더텅'을 검색합니다.
2단계	모바일 홈페이지에서 우측 상단의 ☰를 터치하여 메뉴 중 학습자료실 → MP3바로듣기로 들어갑니다.
3단계	학년 [초등·유아], 시리즈 [초등 영단어]를 선택한 다음 필요한 교재를 터치한 후 나오는 목록에서 필요한 챕터의 자료의 스트리밍, 다운로드 또는 바로재생을 선택하여 이용합니다.

홈페이지에서 다운로드

마더텅 홈페이지(www.toptutor.co.kr)에 접속하여 필요한 원어민 선생님 녹음 파일을 다운로드 받을 수 있습니다.

홈페이지에서 찾아가기

1단계	인터넷 브라우저 주소창에 마더텅 홈페이지 주소를 입력합니다.
2단계	상단 메뉴 중 학습자료실의 MP3를 선택합니다.
3단계	학년 [초등·유아], 시리즈 [초등 영단어]를 눌러 필요한 교재를 선택합니다.
4단계	원하는 자료를 선택한 후 첨부파일을 다운받아 학습에 활용합니다.

MOTHERTONGUE
마더텅출판사
since 1999.4.1.

LEARNING SCHEDULE

DAY 01
___ 월 ___ 일
SCORE: /20

TEST 06~10
___ 월 ___ 일
GRADE: A B C

DAY 11
___ 월 ___ 일
SCORE: /20

DAY 02
___ 월 ___ 일
SCORE: /20

DAY 10
___ 월 ___ 일
SCORE: /20

DAY 12
___ 월 ___ 일
SCORE: /20

DAY 03
___ 월 ___ 일
SCORE: /20

DAY 09
___ 월 ___ 일
SCORE: /20

DAY 13
___ 월 ___ 일
SCORE: /20

DAY 04
___ 월 ___ 일
SCORE: /20

DAY 08
___ 월 ___ 일
SCORE: /20

DAY 14
___ 월 ___ 일
SCORE: /20

DAY 05
___ 월 ___ 일
SCORE: /20

DAY 07
___ 월 ___ 일
SCORE: /20

DAY 15
___ 월 ___ 일
SCORE: /20

TEST 01~05
___ 월 ___ 일
GRADE: A B C

DAY 06
___ 월 ___ 일
SCORE: /20

TEST 11~15
___ 월 ___ 일
GRADE: A B C